大夏书系 · 教师修养

JIAOSHI
LIYI DE
第2版 99 GE XIJIE

教师礼仪的
99个细节

吕艳芝 冯楠 编著

华东师范大学出版社
全国百佳图书出版单位

图书在版编目（CIP）数据

教师礼仪的 99 个细节／吕艳芝，冯楠编著 .—2 版 .—上海：华东师范大学出版社，2017.

ISBN 978- 7-5675-6584-5

Ⅰ.①教 ... Ⅱ.①吕 ... ②冯 ... Ⅲ.①教师—礼仪 Ⅳ.① G451.6

中国版本图书馆 CIP 数据核字（2017）第 165760 号

大夏书系·教师修养

教师礼仪的 99 个细节（第二版）

编　　著	吕艳芝　冯　楠
责任编辑	任红瑚
封面设计	淡晓库

出版发行　华东师范大学出版社
社　　址　上海市中山北路 3663 号　邮编　200062
网　　址　www.ecnupress.com.cn
电　　话　021 - 60821666　行政传真　021 - 62572105
客服电话　021 - 62865537
邮购电话　021 - 62869887　地址　上海市中山北路 3663 号华东师范大学校内先锋路口
网　　店　http://hdsdcbs.tmall.com

印 刷 者　北京密兴印刷有限公司
开　　本　700×1000　16 开
插　　页　1
印　　张　14.25
字　　数　130 千字
版　　次　2017 年 8 月第一版
印　　次　2023 年 5 月第九次
印　　数　24 101-25 100
书　　号　ISBN 978 - 7 - 5675 - 6584 - 5/G·10439
定　　价　42.00 元

出版人　王　焰

（如发现本版图书有印订质量问题，请寄回本社市场部调换或电话 021-62865537 联系）

目录

CONTENTS 💧

第二章　适宜的仪容修饰

第三章　规范的仪态

第二辑　做善于沟通的教师

第一章　教师的人际沟通

第二章　　与学生有效沟通

第三章　　与家长建立合作关系

第四章　　与同事和谐相处

第三辑　做懂得社交规则的教师

第一章　　让会面愉快而美好

第二章　　让礼品插上情感的翅膀

第三章　　吃出好心情

再版前言
PREFACE ◐

今天，我坐在电脑前，为《教师礼仪的99个细节》的再版开工。

2009年，《教师礼仪的99个细节》与各位老师见面了。在之后的八年中，在华东师范大学出版社任红瑚编辑及各位老师的支持下，这本书共印刷了十二次，这对我是莫大的鼓励。

八年中，我和大家随着社会的发展学习着、进步着。在新版书籍中，我会将这些进步与新的思考呈现在书中。

首先，对《教师礼仪的99个细节》中"能将礼仪作为'情商'的外在形式吗"这一节的定义，在上一版的写作中，我使用了疑问句。使用疑问句是因为对礼仪文化与情商的关系，在2009年时，我认为自己的认识水平是不够的，而做教育的根本是要遵守客观规律，要具有科学性，因此，我当时没有给出明确的定义。

在之后八年的礼仪教育研究培训中，通过与参训老师、学员的交流，我和老师们认识到可以坚定地给出定义：礼仪是一个人"情商"水平的外在表达形式。

所以，在新版《教师礼仪的99个细节》这一节，我重新定义了礼仪文化和情商的关系，答案是肯定的。

第二，"教师的服饰色彩选择及配色方法"一节，根据比较前沿的色彩理论，做了相关的调整。

第三，"教师的目光"一节，增加了通过双眼读懂学生的内容。

第四，"教师常用的手势"一节，在原有的基础上，增加了课堂中比较常用的"交流、拒绝、警示、指明、号召、激情"等手势的规范，并补充了插图。

第五，在"体态语言在课堂中的应用"一节，增加了"课堂即时点评"的内容。

感谢喜欢《教师礼仪的99个细节》一书的老师们！你们的喜欢给我带来激励。

感谢任红瑚老师！因2009年您的坚持和说服，使我拥有了完成这本书籍的机会，更要感谢你的建议——再版。

感谢冯楠老师参与再版的写作！

感谢李云老师对再版给予的新增插图的支持！

期待！期待再版《教师礼仪的99个细节》能为老师们的工作与生活带来帮助。

吕艳芝

于北京全国"两会"接待培训课余

2017年2月22日

前言

◆ 一位心理学家带来的启示

"叔叔手里有一颗棉花糖，你现在就可以吃掉。"话音还未落，坐在叔叔对面的孩子马上伸出了手，他想很快就把这颗糖放到自己的嘴里。谁知叔叔又将拿着糖的手快速收回，孩子没有拿到棉花糖。只见他下意识地跺着脚，一副无奈的样子。

看着孩子急切的表情和渴望的双眼，叔叔继续说道："孩子，如果你能在15分钟之后再吃这颗糖，我还会再奖励你一颗。"之后，叔叔将棉花糖和孩子留在房间里，自己悄悄地走了出去。

上文描述的情节，是心理学界的研究人员曾经进行的一个实验。这个实验的对象是二十多名即将上小学一年级的孩子，他们将分别和一颗棉花糖，在一个没有其他人的房间里度过15分钟的时间。孩子们有两种选择：15分钟内吃掉这颗糖，或是坚持15分钟不去吃，之后得到另一颗糖。而研究人员将在15分钟内观察孩子们的表现。

孩子们一个个分别走进房间，又一个个获得一颗或是两颗糖并走出了房间。当实验结束时，研究人员发现孩子们的表现大致有三类：第一，很快将糖吃掉；第二，中途将糖吃掉；第三，没有吃。

科研人员将孩子们的表现分别做了记录，并开始跟踪研究。孩子们上了小学、中学、大学，最后，他们走出校园参加了工作。

待他们工作三年以后，科研人员发现，工作比较顺利、小有成绩的人多数是那些"没有吃糖"的孩子们。

在1995年前后，这个心理学实验随着丹尼尔·戈尔曼的论著《情绪智力》来到中国。我们开始认识到，对于一个人的发展，在重视智商培养的同时，更要重视情商的培养。这种重视来自丹尼尔·戈尔曼给出的数字表达：人生成功=80%的情商+20%的智商；这种重视来自丹尼尔·戈尔曼在书中对情绪智力从理论到实际、生动而且全面的分析。当然，这种重视还来自我们自己。

上海育才小学的一位校长曾经对本校的学生进行了调查，他发现，学生走上社会后，比较成功的人多数是在班集体中学习成绩居10名左右的人。这一结果让我们清晰地看到，在人的生命历程中，什么才是使自己能够得到全面发展、使生命具有质量的科学方法。

丹尼尔·戈尔曼在书中写道，情绪智力的培养要从五个方面做起。它们是：对情绪的自我觉察能力，情绪管理能力，自我激励能力，冲动控制能力和人际交往技巧。

我们身边有很多情绪智力比较高，因而生活质量、工作质量都比较高的人。

我的一个弟弟，曾在他三岁时做了一件当时让我感到自愧不如的事情。

一天，在父母即将下班时，弟弟搬着一个小板凳来到马路边，面向东边坐下。因为他知道父母下班后会骑着自行车，由东向西行。

尽管这件事已经过去了很多年，可至今我还清楚地记得，弟弟出去后没多久，我就看到母亲抱着他进了家门，母亲边走边说道："这小的都知道接我，那大的都干什么去了！"

母亲的话让我感到无地自容，那时我想了很多："我好笨啊！""弟弟真是的，也不说一声，如果他说一声，我们一起去多好啊！""为什么不去接一下父母呢？如果我那样做了，也能得到母亲表扬呢。"母亲的批评让我思绪万千。

因为弟弟在父母面前一直很受宠，所以多年来，我只能用自己的学习成绩比弟弟好来安慰自己。在成人之前，我一直很羡慕他。

长大后，弟弟很优秀，很受领导器重，和同事们的关系也很融洽。

在长年的社会礼仪培训中，学员们教育了我，他们的成功让我感到了情绪智力对个人发展的作用。

一位在银行做客户经理的男士，在2003年的一天来到一家饭店推广POS机。

他在听到"请进"后，轻轻推开饭店财务总监的房门，向前走了两三步后停下来自我介绍道："刘总监，您好！我就是……"这时，他看到对方始终低着头做自己的事情，一副心不在焉的样子。

客户经理想："我应该想办法让对方抬起头，认真听我的介绍。"有了这样的想法，他很快找到了做法。

客户经理笑着说道："刘总监，今天我给您带来了新的产品，其实，我还有一个心愿，就是要当面答谢您。"

此时，财务总监抬起头，上身前倾，一副关注的模样。

财务总监的变化让客户经理很开心，他继续说道："我们银行有很多员工住在饭店附近，每当他们家里来客人时，就会到饭店来就餐。这么多年了，饭店为员工带来了方便，我们应该谢谢您和饭店。"

听到这里，财务总监笑了，她站了起来，走到客户经理面前，握着客户经理的手说道："你看，见外了不是，要说谢，我更应该谢你们呀，饭店没有吃饭的人不就麻烦了嘛！"

"还是要谢你们的。刘总监，还有一件事情也要说给您听，银行里的员工在就餐时，经常会忘记带现金。"客户经理接过财务总监的话继续说。

此时，总监轻轻地皱起眉头，思考片刻后说道："我明白你的意思了，我们什么也不说了，你什么时候能来安装POS机呢？"

◆ 礼仪是教师"情商"水平的外在形式

礼仪属于操作性学科。每时每刻，我们的一举一动都在向学生展示着是规范的、有修养的，还是不规范的、不太好的教师形象。学生也是如此，他们也在通过这些外在的行为，展示着自己的形象。

当我们走进课堂，随着班长的一声"起立"，全体学生双脚并拢，双眼凝视着我们，双手分别放于体侧，规范地站立在我们面前时，我们感受到了快乐。因为，这是学生对我们的尊重。

同样，当我们在课堂上面带笑容，语调柔和，上身略前倾，与学生们分享知识时，学生们也很放松，很快乐，学生们也感受到了愉悦。因为，学生们感受到了来自老师的尊重。

当我们衣着得体，女教师略施粉黛，男教师面容干净、清爽地出现在课堂上时，学生们会不由自主地精神抖擞起来。

同样，当学生们服装穿得规范、干净、整齐，头发梳理得整整齐齐时，我们也会被学生们感染，并由此而心情快乐起来。

当我们不但语调柔和，语速适中，在语言的组织上还考虑了学生的情绪感受时，学生会始终处于轻松愉快的氛围中。

我们发现，上述所有的行为均会给师生带来积极的情绪。

而所谓的情商，其中一个重要的考量就是"调控自己和他人情绪"的能力。

所以，老师和学生的笑容、发型、着装、声音，还包括老师与学生的一切外显行为，如果是积极的，就会给双方带来积极的情绪。相反，则会给双方带来消极的情绪。

记得在上大学时，我感觉最难学的一门课是结构化学。就如同倪申宽教授在《结构化学教学规律探索》一文中写到的："'结构化学'是用量子力学原理和现代物理化学实验方法来研究原子、分子和晶体的微观结构及其结构与性能之间的关系，是物理学与化学之间的边缘学科。它要求学生有较好的数理基础，特别是量子力学，其中有许多新概念、新方法、新原理是和经典物理学完全不同的，对师范院校化学系学生来说，学好这门课难度较大。"

所以，那些学哥、学姐们经常有该课考试通不过的人。但是，我们班这门课的考试，竟没有一个学生不及格。那时，大家都认为这是我们班同学很聪明、很用功的结果。

直到我们走出校门，做了教师之后，大家才逐渐认识到：当时学习成绩好是得益于我们的授课教师。结构化学的任课教师姓曹，长得有些像外国人，眼睛是灰色的，鼻子有些鹰钩状，个子高高的，讲话比较幽默，同学们都很喜欢他。

他在上课时有一种习惯性的问话方式，就是："我不知道……"比如他在写板书时，经常会转过身来问我们："我不知道字的大小是否合适？"又比如他在分析了某种物质的结构后，会耐心地看着我们问道："我不知道我讲明白了没有？"

每当听到曹教授的询问，我们都会不假思索地、很轻松地说出自己内心的感受及困惑，所以，当堂出现的问题就会马上得到解决。

可是，如果将曹教授的询问转变为"你们看清楚了吗"、"你们听懂了吗"，学生们就会由此想到："如果我说看不清楚，如果我说没有听懂，老师和同学就会认为我有问题……"

曹教授的询问很有讲究，他向我们传达着这样的考虑："如果大家看不清楚，那是我的责任；如果大家没有听懂，那同样也是我的责任。"所以，我们就能够没有任何心理压力地说出自己的困惑。

在二十八年的社会礼仪培训及校内礼仪教学中，我经常以"礼仪文化——情商的外在形式"为题，与学生、学员、教师们分享礼仪与情商的密切关系。学生、学员和教师们在认同这一观点的同时，更重要的收获是找到了提高自己情绪商数水平的具体做法，明白了礼仪不是单纯的仪式规则、行为规范，体悟到了礼仪背后的深刻含义，认识到了完成任何任务，不但要有好的想法，更需要好的做法，好的做法才能产生好的做事质量。

当然，礼仪不是情商的全部。

◆ 学生接受知识的前提是接受了教师

我们会因为欣赏一个人而去接近他，甚至模仿他。我的一位同事告诉我："在上高中时，我非常喜欢一位女教师，还买了一个和那位教师一样的胸花戴在自己的衣服上。"

还是这位同事，因为她喜欢这位女教师，所以每天放学回家后，总是先完成这位老师留的作业，期中和期末考试复习时，先复习这位老师所教的科目。她还说，如果这个科目的考试成绩不太好，会觉得对不起这位女教师。

由此看出，学生情感因素的开发，可以促进教育教学的开展，可以提高教育教学的质量。

若干年来，我们接受了"教育是产品"的理念，我们接受了教育要为社会、企业、家长、学生"服务"的理念。我们也非常期待将教育这个产品，通过很好的服务而销售出去。所以，我们要看一看有成熟的销售经验的经理人，是怎样通过好的服务，将产品推广成功的。

银行的客户经理在出门拜访客户时，会按照拜访的程序一步一步有序进行。"拜访客户的那一天，气温高达38摄氏度，因为热，我没有办法穿工服，但是，我还是带着工服，准备到酒店后换上工服再去见客户，这样做的目的是希望客户在看到我时，能感到我是规范的，是一个做事很认真的人。而且，酒店的员工一年四季都穿正装，我这样做的第二个目的是希望给对方带来亲切的感觉。"

客户经理的这番话告诉我们，怎样通过对个人形象细节的把握，为他人提供能够接受我们的理由。这番话还告诉我们，不论是无形产品——教育，还是有形产品——POS机，使他人接受的前提都是接受了销售它们的人。

在教学中我也曾通过游戏的方式，和学生及学员共同讨论使他人接受自己的过程及方法。首先，请若干名学员来到讲台前。接着，请他们分别向大家做自我介绍。最后，请其他学员选择一位做过自我介绍的学员，来为自己解答问题，提供咨询，并阐述选择的原因。

结果，在被选对象中，有因为笑容很灿烂被选中的，有因为站立的姿势很好被选中的，有因为讲话很有礼貌、很有条理被选中的，甚至还有因为说话声音很好听而被选中的。

写到这里，我的脑海中浮现出在大学上教育心理学课程时，导师教导我们的话："你的课很重要，你在学生心中的形象更重要。"

说到服务，社会各界将服务分为差的服务、好的服务、优质服务三个等级，并根据"客户的需求及服务的质量"两个因素来划分等级。当没有满足对方需求时，服务是差的；当满足了对方需求时，服务是好的；当超越了对方需求时，服务是优质的。

服务还分为情绪性服务、机能性服务。机能性服务只能满足对方对物的需求，而情绪性服务才能满足人们的心理需求。心理需求是人的高级需求，所以，作为教师，在为学生提供教育服务时，单纯地给予学生知识是远远不够的。所以，上完了一节课，只能说是讲了一节课。

我们要通过温馨的话语使学生感受到学习的美好，通过文明的肢体语言使学生感受到被尊重，通过规范的发型以及清爽的面容使学生产生良好的精神状态。这样的课堂不但使学生得到快乐并乐于接受我们，还会使学生乐于接受知识，这样的课才能叫一节好课。

第一辑

做仪表得体的教师

第一章

ONE

适宜的服饰

人无礼不生，事无礼不成，国家无礼不宁。

——荀子

┃ 1. 第一印象与仪表 ┃

人与人之间经常有第一次见面的过程，所有人都希望在第一次与他人接触时，给对方留下较好的第一印象，进而为下一步的合作打下良好的基础。教师也是如此，当教师给学生留下好的第一印象时，学生会变得比较听话和乐于配合。

心理学家将第一印象称作"首轮效应"。首轮效应是指人们在日常生活之中，初次接触某人、某物、某事时所产生的即刻印象。这种即刻印象也会产生于和熟悉的人再次接触之初。第一印象一般在交往最初的 30 秒左右完成。对一些人而言，形成第一印象只需要 3 秒钟左右的时间。

作为教师，"初次亮相"能使学生对自己的良好形象先入为主，萌生好感，这将对教育教学起到积极的作用。许多教师就是因为抓住了学生的这一心理特点，从而使自己的教育教学获得了事半功倍的效果。

一位礼仪教师到一所大学，为学生举行"怎样面对应聘"的讲座。

主持人对教师进行了简单介绍后，在一片掌声中，礼仪教师迈着自信的脚步，面带微笑来到了讲台前。她的笑容给学生留下和蔼可亲的印象，她自信的脚步让学生感受到了她的稳重、干练。

只见她穿着一套合体的蓝色西服套裙。服装没有任何褶皱，平平展展的。她留着一款扣边短发，头发梳理得整整齐齐。精致的金色项链在她的颈部不时地发出光彩。

她给学生留下了美好的第一印象：既具有良好的业务能力，又不乏优雅的女人味。

她将讲义轻轻地放在讲台上，走到学生们中间，边欠身边说道："同学们，下午好！"学生们再一次响起了掌声。

"谢谢！首先告诉在座的女同学，如果你去参加应聘，可以选一套我这样的服装。"同学们跟着她的讲解，自然地进入了课堂学习之中。

那次讲座很成功。问起学生们的感觉，一位学生说："老师一出场，就让我感到不一般，我有一种想进一步了解她的好奇。"这位学生的话，说明了这位教师很有吸引力。

另一位学生说："老师一下子就抓住了我的注意力，不知不觉地就跟着她的思路走了。"这位学生的话说明了这位教师头脑很清楚，她知道学生需要什么。

冷静思考后我们发现，教师要具有吸引力，并能很快在学生面前建立威信，取决于下列因素：仪表、服饰、语言、表情、交流方式，等等。学生根据教师的这些外在行为表现，再根据自己以往的经验，很快就会对教师做出判断。

仪表、仪容、语言、表情、交流方式等因素，是影响第一印象的重要因素。

　　心理学家指出：第一印象有 90% 来自服饰信息。第一印象往往是非理性的，但是，它在教师与学生的交往中又是客观存在的。第一印象往往具有决定人际交往是继续还是停止、是接受还是排斥的作用。

　　另外，教师在与学生的交往中，一旦给学生留下好的第一印象，学生往往就能包容教师负面的因素。相反，学生会对正面的因素也持排斥态度。

　　礼仪教师的讲座是一个系列讲座。这位老师第二次来上课时，由于匆忙，她让同事简单地帮自己化了妆，又以很快的速度来到课堂上，来到学生面前，顺利地完成了讲座。

　　当她回到家，面对镜子卸妆时，她发现同事帮自己化的妆是有瑕疵的。

　　女士在化妆时，要掌握化妆的合理方法。比如，为了使面部在化妆后能产生和谐美好的感觉，在选择腮红和口红时，应该保证二者颜色的协调性。这位同事恰恰在这方面犯了忌。

　　看着镜子中的自己，这位教师很懊恼，也很自责。

　　很快，到了第三次上课的时间。

　　礼仪教师没有着急讲课，她先来到了学生中间，仔细端详着在座的每一个女生。

　　让她感到奇怪的事情发生了，多数女生所画的妆延续了她上次的错误。

　　她问学生："为什么要这样选择腮红和口红？"

　　学生的回答很简单："因为您上次讲课时就是这样。"

　　她直言说："我上次做错了。"

　　学生的回答也很干脆："嗨！我们还以为这是今年的流行时尚。"

　　听到这里，教师露出一丝苦笑。

　　由于学生对教师的第一印象是好的，因此也就很容易认为她是美的化身。她的好是好的，她的不好也是好的。第一印象的这种弊端，需要我们引起注意，坚持时时刻刻为人师表，以防止学生负面概念的产生和对错误行为的模仿。

在与学生的交往中，我们如果能把握第一印象形成的心理过程，不放过与学生交往的任何一个细节，尤其是能够把握服饰穿戴的规范，就会在教育教学中把握主动权。

2. 适合女教师的四款服装

服装的选择与穿法体现着我们的审美水平，服装的美涉及款式与色彩的选择，以及场合意识等方方面面的因素。

说到场合，学校当属公务场合。公务场合的性质是"庄重、保守"，能较好地体现这种性质的服装应该是正装。

我们在重视服装场合意识的同时，也要提倡通过服装来展示女教师的美。所以，女教师的服装应该是场合意识与女性美的统一。

有四款女士正装可以供教师们选择。

第一款，经典的西服领套装（裙）。

西服领套装的领型是见棱见角的，这种直线以及直角的设计给女教师带来干练、利索的感觉。这款服装适合上课时穿着，更适合学校组织评优课、教研活动时穿着。西服领套装有大领型和小领型之分，大脸形的人适合选择大领型，小脸形的人适合选择小领型。

第二款，无领的女性化套装（裙）。

无领套装的领型有"V"字领、"一"字领、圆领、方领等。领型的多样性不但给我们带来了选择的宽泛性，还能使我们显得柔美、有亲和力。所谓的宽泛性选择是指可以根据脸形选择领型。比如："V"字领比较适合圆脸的人，方领比较适合尖脸的人，"一"字领比较适合长脸的人，圆领比较适合方脸的人。

第三款，束腰的时装化套装（裙）（图 1-1）。

这款套装能很好地体现女性的线条美，还能使身材比例显得更匀称。但是，此款服装不太适合上身较短及体型较胖的人。

第四款，传统的中式服装。

中式服装的立领、镶边、盘扣等体现着中国人特有的庄重、谦和与细腻。随着社会的发展，中式服装也产生了很多的变化，比如：领型、袖口、衣服的长短变化等。这种变化打破了传统的中规中矩，使人们更乐于接受。

需要注意的是，在公务场合，女士的裙子是有长度要求的，即不要短于膝盖上一拳，也不要长于小腿肚的中部。

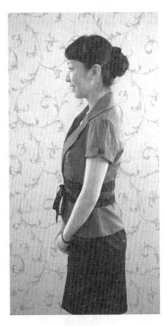

图 1-1

对以上四款服装，我们可以进行两种选择：第一，在比较正式的场合穿套装；第二，在日常教育教学中可以穿非套装。非套装能给学生带来亲近的感觉，也能使我们的教育教学比较轻松地进行。

非套装往往指上衣和下裤（裙）的颜色、面料以及款式是不同的。非套装虽然没有套装显得庄重，但也能产生很好的视觉效果。比如：当上衣颜色较深，下裤（裙）颜色较浅时，会给人带来活泼、有朝气的感觉；当上衣颜色较浅，下裤（裙）较深时，会给人带来比较沉稳的感觉。

上面四款服装一年四季都可以选用。比如：夏季时，在款式基本不变的情况下，选择短袖上衣，选择较薄的面料即可。

适合于上述四款服装的鞋子是：夏季，选择船鞋；春秋两季，选择前脸较长的皮鞋；冬季，选择矮腰靴子。鞋子以黑色、褐色为宜，也可以根据服装的颜色进行同色系的搭配。比如：当穿着白色套裙时，选择白色或是米色的鞋子。鞋跟以不低于3厘米为宜。

3. 适合男教师的三款服装

如果被人问道"什么是男士正装的首选"，我们会齐声回答："西装。"当然，我们也不会忘记中山装。

如果被人问道"什么是男士西装的灵魂"，我们会齐声回答："领带。"

关于领带的起源有很多种说法，其中一种说法是，法国的路易十四国王，在一次召见大臣们时，发现了一位脖颈上戴着丝巾的大臣。

国王走上前问道："你今天为什么和别人不一样呢？"

这位大臣被问得慌了神，颤颤巍巍地回答："今天出门时，我感觉天气很冷，就戴了这条丝巾，原本想进门前摘掉的。"大臣边说边伸手要摘下丝巾。

路易十四举起手，示意这位大臣不要摘掉丝巾。之后，他面带微笑地回到自己的座位前，转过身看着大臣们说："我宣布，从今天开始，只要上朝，你们都要像他那样——戴上丝巾。"他边说边将手指向戴着丝巾的那位大臣。就在那一刻，领带在路易十四的宣布声中诞生了。

随着时间的推移，到目前为止，男士的领带已经有多种款式。在一个正式的场合，穿着西装、打着领带的男士更能体现尊重与郑重其事。也正是这个原因，大家认为，男士"只穿西装，不打领带"的穿法叫作便装穿法。

那么，男教师选择哪些服装比较正式呢？下面，我们为男教师推荐三款服装。

第一款，西服。

西服有单排扣与双排扣之分，身材高大的男教师适合选择双排扣西装，身材瘦小的男教师则适合选择单排扣西装。

第二款，衬衫。

长袖衬衫是正式的服装（图1-2）。短袖衬衫虽然被定义为休闲装，但是在炎热的夏季，它已经成为各公司工装的一种款式。所以，男教师在教育教学工作中选择短袖衬衫，既能让自己比较舒适，也不会使自己的形象打折扣。

第三款，夹克衫。

温家宝总理在公众面前经常穿西服或夹克衫。西服常用于他参加外事活动及国内比较重要的会议等，夹克衫常用于他在国内参加基层调研、体察民情等活动。穿着夹克衫的温总理给大家带来亲切、温馨的感觉。作为男教师，在教育教学工作中选择夹克衫也同样能给学生带来这种美好的感觉。但是，夹克衫属于休闲装，不适合于研究课以及各种正式的教育教学活动时穿着。

图 1-2

在穿衬衫和夹克衫时，配上西裤会比较协调。

男教师正式的鞋子是皮鞋。在夏季，要穿前不露脚趾，后不露脚后跟的鞋子。

服装的穿法有很多的讲究，尤其西装更是如此。

首先是西装扣子的系法。穿双排扣西装时，要做到有几个扣眼就要系几粒扣子。穿单排扣西装时，要记得最下边的一粒扣子不要系，单排、三粒扣的西装还可以只系中间一粒扣子。

其次是西装兜的使用方法。上衣外侧的两个下兜，下裤后侧的两个兜都是装饰兜，不要装任何物品。上衣左上兜可以放礼仪手帕。上衣的内兜可以放手帕、笔等较轻的物品。下裤前侧的两个兜也可以放少许物品。

4. 教师的服饰色彩选择及配色方法

教师的服装色彩明度比较高时，会使学生的注意力集中在教师身上，但是，也容易使学生比较躁动。色彩明度比较低时，会使学生的情绪比较稳定，有利于课堂教学的进行。根据不同年龄段学生的心理特点，建议幼儿及小学教师的服装色彩明度高些，但是，不要选择比较刺眼的颜色。建议中学及大学教师的服装色彩明度低些，但是，要避免选择过于沉重和使学生感到情绪压抑的颜色。比如：当教师全身服装都是黑色时，会使学生的情绪变得比较压抑。

服装色彩的搭配是一门艺术，搭配得好，会给自己带来美感，还会使学生感觉很舒适。下面我们来分享三种服装配色的方式。

第一，主色调的搭配。

主色调的搭配是指以一种色调为主导色，配以适合主色调的其他颜色，形成相映生辉、互相陪衬的效果。

在选择这种搭配方式时，首先要确定主色调是什么，是红色调还是蓝色调，是冷色调还是暖色调，是灰色调还是亮色调。之后选择与主色调相适宜的装饰色。装饰色不宜选择太多，不然会给人比较俗气的感觉。比如：当女教师选择灰色套裙时，在上衣内搭一条浅粉色丝巾，就是很好的主色调的搭配。

第二，同色调的搭配。

这种色调搭配是指由不同明度的同一色调或相近色调进行搭配的方式。

比如：男教师将西服、衬衫、领带用深浅不同的蓝色或其他颜色进行搭配，这样做可以给人庄重、可信以及和谐的感觉。又比如：女教师可以将奶黄色上衣配以棕黄色裙子，这种搭配方法能给人带来端庄、高雅的感觉。

在用同色调进行色彩搭配时，要注意将色彩的明度距离拉大，以避免产生沉闷、呆板的效果。

第三，邻近色的搭配。

色环上的邻近色也叫作相似色。如：红色与橙黄色、绿色与蓝色等。采用相似色搭配时，应尽量使色彩的明度反差大一些。比如：用很亮的红色与很亮的橙色搭配在一起，就会很刺眼。

服装配色还有五种简单的方法。

◆ 呼应法

呼应法是使衣服、围巾、鞋子的颜色相呼应。比如：蓝色裤子，配蓝白色细纹衬衫；红色上衣，配红白花纹裙子等。这种呼应配色法可产生和谐美好的感觉。

◆ 陪衬法

陪衬法是将上衣的门襟、衣领、镶边、裙子的裙摆等，选用不同的色彩进行搭配的方法。这种搭配方法能较好地表现出生动的色彩美。

◆ 对比法

对比法是将上衣的某一部位与上衣整体，将裙子与上衣之间用不同的色彩搭配，形成较大反差的搭配方法。比如：白色上衣配黑色裙子，橙色上衣配蓝色裤子等，这样搭配能给人带来明快的感觉。

◆ 点缀法

点缀法是在同一色调的衣服上，点缀不同色彩的镶边、兜、纽扣、领边、领针等的方法。比如：在蓝色西服领上别一枚金黄色领针，这种配色会使人显得既庄重又文雅。

◆ 统一法

衣服与饰品一律选择相同色彩的配色方法叫统一法。比如：白色套裙配白色鞋子。这种配色方法会产生和谐的效果。

5. 寻找适合自己的服饰

在电影《小二黑结婚》中，有一段对三仙姑的服饰的评价："已经四十五岁了，却偏爱当个老来俏，小鞋上仍要绣花，裤腿上仍要镶边，头顶上的头发脱光了，用黑手帕盖起来，只可惜官粉涂不平脸上的皱纹，看起来像驴粪蛋上下了霜。"这段话生动地表现了三仙姑在服饰选择上的年龄错位。

适宜的才是最美的。作为教师，服饰的选择要考虑年龄的适宜性。比如：年轻人适宜选择清晰、明朗、活泼的色彩；中年人适宜选择淡雅、含蓄、稳重的色彩。

我们建议大家从以下四个方面入手，来找到适合自己的服饰。

第一，色彩的选择。

色彩的选择除了与我们的年龄相关外，还与我们的体型、肤色等相关。体型纤巧的人比较适宜明度较高的色彩，体型较丰满的人比较适宜明度较低的色彩。

我们建议，肤色偏白的人选择冷色调的服饰，肤色偏黄的人选择暖色调的服饰，这样可以达到人与服饰色彩和谐的目的。

我们还经常将春、夏、秋、冬四季与人的肤色联系起来，并将其称为春季型人、夏季型人、秋季型人以及冬季型人。那么，您属于哪种类型呢？属于您的色彩是什么呢？

礼仪专家建议

色彩测试

我们首先请肤色偏白的老师完成以下题目。

1. 您的面孔给人留下的感觉是：

A. 面部清晰　　　B. 面部浅淡柔和

2. 您眼睛的黑白对比是：

A. 鲜明　　　　　B. 不鲜明

3. 您的头发是：

A. 乌黑浓密　　　B. 浅灰黑

4. 在不化妆时，面部靠近黑色，肤色映衬的感觉是：

A. 没有太强的感觉　　　　　　　B. 感觉非常强

5. 不论皮肤深与浅，您的脸颊是：

A. 不易出红晕　　B. 脸颊易出淡淡的玫瑰红

6. 您的服装在比较协调时，选择：

A. 对比度强的色彩会比较漂亮

B. 比较柔和的色彩会比较漂亮

如果您的选择是 A 比较多，则属于冬季型人。如果您的选择 B 比较多，则属于夏季型人。

冬季型人要以深冷色作为服饰色彩的基调。冬季型人的服饰色彩选择很宽泛，纯色最适宜他们，在选择色彩搭配时以对比度大些为宜。

夏季型人要以浅冷色作为服饰色彩的基调。夏季型人可以选择粉色、蓝色、紫色系列的服饰。灰色会给他们带来高雅的感觉。要注意的是，黑色、黄色和比较深的色彩适合点缀，不宜大面积的搭配使用，可选用柔和、渐变、色差小的搭配使用。

现在，我们请肤色偏黄的人完成以下题目。

1.您的面孔给人留下的感觉是：

C.沉稳的感觉　　D.明亮的感觉

2.您眼睛的黑色对比是：

C.比较深沉　　　D.比较明亮（有光泽）

3.您的头发是：

C.暗茶色或深棕色　　　　　　　D.明亮的浅棕色

4.在不化妆时，面部靠近本色，肤色映衬的感觉是：

C.偏深黄的象牙色　　　　　　　D.偏浅黄的象牙色

5.不论皮肤深与浅，您的脸颊是：

C.脸颊不易出红晕　　　　　　　D.肤色易出浅珊瑚色

6.您的服装在比较协调时，选择：

C.比较柔和的色彩会比较漂亮

D.对比度强的色彩会比较漂亮

如果您的选择是 C 较多，则属于秋季型。如果您的选择 D 比较多，则属于春季型人。

秋季型人要以偏深暖色彩为服饰色彩的基调。适宜于秋季型人的色彩是深棕色、苔绿色、铁锈红色、芥末黄色、绿松石蓝色，以突出温暖、华丽作为选色原则，要避免大面积的使用冷色。

春季型人要以浅暖色作为服饰色彩的基调。适宜春季型人的色彩是淡黄色、象牙色、橘红与橙红色、黄绿色、浅金色、淡水蓝色、偏黄的蓝色等。要避免大面积选择黑色和比较深的颜色。

服饰色彩的和谐还会受到场合的制约。

比如：全国妇联"心系女性"形象工程，每年都要围绕教育工程的核心内容，组织宣传教育活动。在他们发出的邀请函中经常有这样的文字：主席台的背景为粉色，请选择适宜的服装。

第二，款式的选择。

款式的选择更多的要看身材特征。比如：身材比较丰满的女教师，最好选择长及小腿肚中部的裙子。身材比较丰满的男教师，最好选择两粒、单排扣的西装。

第三，服装面料的质地。

教师服装面料的质地要比较考究。身材比较丰满的教师要选择薄厚适中的面料。因为较厚的面料会产生扩张感，较薄的面料又会暴露身材的不足。

第四，图案的选择。

适宜的图案可以带来活泼与层次感。根据教师职业的特殊性，小而精的图案比较适宜教师选择。比如：比较小的碎花、圆点、格子、条纹等。条纹图案的领带是男教师有品位的象征；条纹图案的服装适合比较丰满的教师；圆点、格子图案的服装比较适合身材纤巧的教师。

在选择服装图案时，还要注意上花下不花、内花外不花的原则。就是如果上衣有图案，下裤（裙）就争取不要有图案；如果外衣有图案，内衣就争取不要有图案，以免让人感觉繁杂、零乱。

▎6. 让服饰带来生动感 ▎

在上文中我们提到，当教师全身服装都是黑色时，会使学生的情绪变得比较压抑。但是，如果女教师在选择了黑色套裙后，能够选择一枚金黄色金属质地或绢质的胸花、领花别在衣领上，就能够产生生动的感觉。

以下就是让自己的服饰产生生动感的常用方法。

第一，我们可以通过饰物的选择制造生动感。

作为男士，在选择套装时，套装色彩的一致性容易给人以呆板的感觉。此时，在左侧衣领的扣眼处别一枚领针（领针的色彩明度要与套装的色彩明度不同），就能很好地打破呆板的感觉。

男士还可以通过领带的选择来制造生动的感觉。比如，当选择蓝色服装时，搭配黄色领带，这种对比色的搭配方式很有个性特征。当然，服装和领带还可以选择同色调的搭配方式，需要注意的是，服装与领带的色彩要有明度的区分。比如：当选择深灰色服装时，可以选择浅灰色领带。

在饰物选择上，这个世界永远是眷顾女士的。女士可以通过丝巾、首饰、领花等制造生动感。

当选择西服领的套裙时，由上发际线到领口全部是皮肤的颜色，此时，佩戴一条项链会比较好。当然，还可以在脖颈处搭一条丝巾，并将丝巾放于衣领内，这样不仅会给人以生动的感觉，还会让皮肤感到很舒适。

第二，我们可以通过上、下衣的合理选择制造生动感。

上、下衣长度的合理选择是常用的制造生动感的方法，即上、下衣的长度要避免相同。我们可以选择上衣偏长、下衣偏短，或上衣偏短、下衣偏长这两种方式。

我们还可以通过上衣色彩较深，下衣色彩较浅来制造生动感。

第三，我们可以通过内外衣的合理选择制造生动感。

章启月曾经是外交部发言人，她的服饰选择体现了良好的审美水平，展现了女性独特的美。她经常在选择西服套装时，配一件图案适中、色彩较明亮的衬衣，并将衬衣领翻出在外，这就显得很生动。

男士在穿西装时，衬衫领子要比西装领子高出 2 厘米左右；衬衫的袖子要长于西服袖子 2 厘米左右，这就是在制造层次。

由此，我们发现，服饰在具有层次时便产生了生动的感觉。但是，层次过多会显得比较臃肿、繁杂。比如，服饰的色彩过多会显得凌乱；服饰的层层叠叠，尤其是在脖颈处层次太多会显得臃肿；裙子长于风衣或大衣也会显得比较累赘。

7. 怎样佩戴饰物

饰物的意义是什么？我们的回答是：起"点缀"的作用。

所以，当上衣比较花哨时，没有必要再用饰物进行"点缀"。不然，则会画蛇添足。

女教师恰当地佩戴首饰，会起到画龙点睛的效果。在佩戴首饰时，女教师要遵守以下原则。

第一，所佩戴的首饰应该质地一致。

比如：如果选择了黄金项链，其他与之相配的首饰也应该是黄金质地的。

第二，所佩戴的首饰应该款式一致。

比如：耳环是环形纯金的，项链是白色珍珠的，戒指是有宝石镶嵌的。这三种首饰款式各异，就显得很不和谐。

另外，既然佩戴饰物是为了起到"点缀"的作用，所以，就不要戴得太多，一般不要超过三款，否则会给人以低俗、凌乱的感觉。

第三，首饰应与环境相协调。

不同的季节要选择不同的首饰。比如：夏季可佩戴色彩鲜艳的工艺仿制品，以体现夏日的浪漫；冬季可选择宝石、金银等饰品，以显得高雅和清纯。工作场合，要选择淡雅简朴的首饰，参加晚宴时则要选择华贵亮丽一些的首饰。

第四，首饰应与服装相协调。

艳丽的服装应该与淡雅的首饰相配或不配首饰；浓重单色的服装应该与色彩明亮、精巧的首饰相配；旗袍应该配以稍长的珍珠项链等。

第五，首饰应与相貌相协调。

首饰要与自己的体型、脸型、发型、年龄等相协调，这样就可以利用饰物来掩饰自己的不足。比如：脖子较长的人，不要佩戴太长的项链；脸型较短的人，选择垂形的耳饰会比较好；年龄较长的女教师，则要选择比较精致的饰品。

男教师选择恰当的饰品能很好地衬托出粗犷和坚毅的男子汉气概，在选择时，要考虑以下三个方面。

第一，男教师的饰品要注重实用价值。

男教师的饰品除了项链、戒指、领带夹、袖扣外，还有皮带、打火机、烟具、帽子等。这些物品的恰当选择与佩戴，能充分体现男士的风度、气质、身份以及修养。因此，在选择这些饰品时，要考虑质地要好、款式要简洁、色彩要体现稳重等方面，以使这些饰品能恰如其分地衬托自己。

第二，男教师的饰品要注意风格。

男教师在佩戴饰品时，要把握尽量少的原则。一般选择 1~2 款即可，以免给人以粉面小生的印象。还要注意，佩戴的饰品要突出简洁大方的特点。

第三，男教师饰品的色彩要体现稳重和保守的内涵。

比如：在戒指的色彩选择上，以银白色为好。

最后，我们还要简单地了解饰物的语言。

据说，人们将戒指戴在左手中指的习惯，是来自"戒指可以被心中流出的鲜血浇灌，能使爱情永远纯洁"的认识。

戒指的佩戴还可以反映一个人的婚姻状况。当将戒指戴在食指上时，表示佩戴者在求偶；当将戒指戴在中指上时，表示佩戴者处于热恋之中；当戒指戴在无名指上时，则表示佩戴者已经结婚或已经订婚；而将戒指戴在小指上时，则表示佩戴者终身不娶不嫁。

将手镯戴在右腕上时，表示佩戴者还没有婚嫁；如果戴在左腕或双腕都佩戴手镯时，则表示佩戴者已经结婚。

8. 不符合教师身份的服饰

教师所从事的教育教学工作，是严谨的、认真的，这就要求我们的服饰选择要体现庄重、保守的原则。同时，由于我们的工作是面对人的，我们的服饰还要吸引学生的眼球，即在体现庄重、保守的同时，体现服饰美的理念。

记得在 2007 年的暑假，外交学院为来自香港的中小学生们来大陆进行文化交流举办夏令营学习活动。我荣幸地收到了外交学院发来的邀请，指导这些学生学习大陆礼仪文化。

在与这些学生交流的过程中，打动我的情景有很多，其中之一就是参与这次交流的外交学院的教师们感动了我。

在夏季，多数人都认为，男士穿长袖衬衫就已经显得很郑重其事了。北京的夏天很热，热得人们穿着短袖衬衫都觉得很难耐。可是，我看到外交学院的男教师都打着领带，穿着长袖衬衫和西装外套，还穿着黑色系带皮鞋。汗水从他们的脸上淌下，衣衫也被汗水浸透了。

他们的着装体现了对教学任务的认真态度、敬业精神和严谨的工作作风。

在正式场合，有些服饰是与教师的身份相悖的。

不适宜女教师的服饰包括：

◆ 领子过低的上衣。领子要以不露出胸线为宜。

◆ 裙子短于膝盖上一拳。

◆ 面料太轻薄且透明的服装。

◆ 上衣、裤子、裙子的图案过于夸张。

◆ 领子上、门襟上有过多的花边或其他装饰。

◆ 过于宽大或过于紧身的衣服。

◆ 过于时尚的服饰。比如：凉拖鞋、吊带裙、短裤等。

不适宜男教师的服饰包括：

◆ 露脚趾的鞋子。

◆ 过大、过小、过短的衣服。

◆ 无领的上衣。

◆ 短裤。

◆ 穿深色西装时，穿浅色、低腰的袜子。

不论是男教师，还是女教师，还要注意以下服饰细节：

◆ 不要选择无袖上衣。

◆ 不要穿任何带有品牌图案的服装。

◆ 忌讳破旧的、带有印渍的、不清洁的、有异味的服饰。

◆ 要经常换衣服。比如：夏季内衣要一天换一次，外衣要两天换一次。

这样做，不但能保持身体气味的清新，还能给学生带来视觉上的新鲜感。

TWO

适宜的仪容修饰

人的一切都应该是美的——容貌，衣着，心灵，思想。

——契诃夫

9. 仪容修饰让我们得到"尊重"

在我们与学生的交流过程中，最容易引起他们注意的是我们的面部。如果女教师容貌端庄，男教师干净清爽，良好的教师形象会让学生赏心悦目，产生愉悦的心情。

仪容修饰，也就是通过美容、化妆使自己变得亮丽、美好。通过美容、化妆，可以使我们面部的轮廓更具有立体感，从而创造出淡雅清秀、健康得体的自然美形象。

美容、化妆是一门艺术，需要参考我们的职业、年龄、性格及五官特点等因素，需要我们掌握正确的化妆技巧，运用色彩等晕染方法来创造面部和谐的效果。

美容、化妆是对自己的一种尊重，是对个人形象的爱护。所以，不论是男教师，还是女教师，都要养成自我修饰的好习惯。

美容、化妆也是对交往对象的尊重，是对自己所从事的事业有责任感的表现。现在很多集体、企业已经将员工的岗前化妆作为一条制度，要求全体员工来共同执行。

某所学校准备迎接来自法国的考察团。学校对此次活动很重视，在接待程序和接待细节等方面都做了充分的准备，还选出了自身形象比较好、表达能力比较强、比较有经验的几位女教师完成接待工作。

女教师们来到校门口迎候法国客人。

当她们热情地引领客人进入校园时，一位法国男士问道："请问，你们每天都这样吗？"

女教师们被问得不知如何回答，她们困惑地问："先生，您的意思是……"

男士笑着答道："在法国，我几乎没有看到过不化妆的女士。你们每天都不化妆吗？"

面对这样的询问，女教师们沉默着没有作答。

对于女教师的化妆，更多的人认为这是走出家门前必做的功课，这种做法已经成为尊重自己和他人的具体表现。

学生喜欢精神状态好的教师。我们的黄皮肤会因为紧张的工作而显得不健康，会因为天气干燥而粗糙，如果不通过化妆进行调理，肯定会影响自身的精神状态，进而影响学生的情绪，甚至影响教学的质量。

10. 女教师化妆的原则

作为女教师，化妆的目的是为了美化自己，是为了表达对他人的重视。但是，如果不考虑自己的身份，不考虑所处的环境，自行其是，就会事与愿违。在一般场合（日常工作、休假）中应该画生活简易妆，在画生活简易妆时要把握以下五个原则。

1. 淡雅的原则

淡雅，是指要轻描淡画。不要涂厚厚的脂粉，这样做容易给人一种戴上假面具的感觉。不要用香气很浓的香水或化妆品，这样做容易让人生厌。不要画很重的眼线，这样做会让他人感到很不自然。总的来说，当我们面对他人时，让对方感到我们只是用了口红，而看不到有其他修饰的痕迹，从而表现出自然大方、朴实无华的效果，这就是淡雅。

2. 简洁的原则

简洁，就是化繁就简。画淡妆的含义，从化妆的内容来讲是指以下三个方面。

第一，如果面部皮肤比较粗糙、脸色不太健康或是有瑕疵，就需要用粉底调一调肤色，遮盖一下瑕疵，使皮肤看上去较为细腻、润泽、健康。

第二，将眉毛进行修饰，把散眉修理整齐。如果眉毛很稀很淡，轻轻用眉笔描一描。如果有残缺，用眉笔补一补。

第三，画唇线，涂口红。

3. 庄重的原则

每年都有化妆的流行时尚，但时尚的东西未必适合任何人，我们要谨慎地尝试时尚。如果盲目追求时尚，既不考虑自己的身份，又不考虑周围的环境，就很容易给人留下不庄重，甚至是轻浮的印象。像烟熏妆、印花妆、舞台妆、晚宴妆、鬼魅妆等等，都不适合工作场合。

4. 避短的原则

扬长避短是一种好的想法和做法，但是，生活淡妆要回避扬长，提倡避短。比如：不要通过化妆，比较夸张地突出自己面部比较自信的部分，这样容易给人一种张扬的感觉，适当地展现自己的优点是比较好的选择。

避短就是将自己面部不太满意的部位，通过化妆的方法进行弥补，达到美好、自然、和谐的效果。

5. 适度的原则

要根据自己的工作性质和出席的场合来决定画什么样的妆。比如，我们所从事的职业决定了我们的选择是生活淡妆。

生活淡妆的化妆步骤：

◆ 清洁面部皮肤。人的皮肤是弱酸性的，选择中性洁面用品比较好。

◆ 拍化妆水，涂营养霜。化妆水能使皮肤比较快、比较彻底地吸收营养霜。

◆ 拔掉多余的眉毛。修整眉形可以在美容或美发时，让美容师或美发师完成，之后，隔一段时间将多余的眉毛拔掉即可，不需要天天修整。

◆ 用粉底。如果皮肤很细腻、较红润时，可以不用粉底。选择营养性粉底会比较安全。

◆ 用干粉。干粉可以起到定妆的作用。

◆ 画眉。教师选择有弧度的眉型，会让学生感觉比较亲切。

◆ 涂口红。按照嘴唇的形状涂口红，口红的颜色不要过红、过艳。

◆ 涂胭脂。如果皮肤比较红润，涂胭脂是可以省略的。

女教师在参加社交活动（宴会、庆祝活动等）时可以选择化日妆。日妆只要求在自己原来条件的基础上做简单的修饰。化日妆时要突出高雅、清淡、自然、协调。化日妆的步骤是：

◆ 拔去多余的、散乱的眉毛。

◆ 用化妆水拍打面部。

◆ 选择适宜的粉底。日妆涂粉底的目的是为了使皮肤颜色一致，掩盖面部缺陷。所以，不要涂得太厚，尤其是面部有皱纹的人，涂过厚的粉底会使皱纹更加明显。粉底不必在整个面部涂满，只要能让面部颜色一致即可。

◆扑干粉。干粉要透明细腻，扑粉时要均匀、轻柔。

◆涂眼影。眼影要自然、柔和。避免使用鲜艳和古怪的颜色，比如：红色、绿色、金色、紫色等。可以选用淡红色、茶色、浅棕红色等，这些颜色能与皮肤的颜色相协调，不会形成较大的反差。

◆画眼线。要紧贴睫毛根部画眼线，不要在外眼角处将眼线画得太长，太高。眼线要淡，要细，尤其是下眼线。眼线画好后，可以用手指或棉签轻轻晕染开，使其产生自然柔和感。上下眼线的颜色要一致。眼线笔一般采用黑色，也可以使用蓝色或棕色。

◆涂睫毛膏。涂睫毛膏能使眼睛炯炯有神，给人以精神焕发的感觉。涂睫毛膏要沿着睫毛纵向进行，一般涂 2~3 次就可以。

◆画眉。日妆一般不刻意画眉，除非眉毛太稀疏。画眉时，只要将眉毛颜色加深即可。

◆涂腮红。腮红不能涂得太厚太多，要晕染开，不要在面部形成界面。腮红的颜色要与肤色和谐，与口红的颜色一致，颜色不要过深，过艳，不然会显得很俗气。

◆涂口红。化日妆时，不需要用口红改变嘴唇的轮廓。口红的颜色要淡雅，可以采用浅红色、亮度较低的棕红色和比较淡的玫瑰色等等。要避免用太艳丽、明亮的红色。如果嘴唇的颜色已经很健康，涂一些无色唇膏就可以。

┃ 11. 粉底和口红的选择 ┃

1. 粉底的选择

在选择粉底时，要考虑自己的皮肤颜色。东方人虽然崇尚"白"，但是，颜色很深的皮肤如果选择白色粉底，会给人以"抹了一层霜"的感觉。

皮肤的颜色比较深时，不要试图通过使用浅色粉底，来达到让皮肤变白的目的。除此之外，粉底的颜色选择还与脸型的大小有关。在选择粉底时，我们建议大家要注意：

◆ 红润的皮肤适宜选择肉色粉底；

◆ 苍白的皮肤适宜选择略带粉红色的粉底；

◆ 蜡黄的皮肤适宜选择玫瑰红、粉红色的粉底；

◆ 象牙色皮肤适宜选择自然色的粉底；

◆ 深色皮肤适宜选择与肤色相近的粉底。

◆ 大脸型适宜选择一定色彩中偏暗的粉底；

◆ 小脸型适宜选择一定色彩中最浅的一种粉底。

2. 口红的选择

嘴唇是面部的一个亮点。口红的颜色选择，是体现面部化妆是否自然美好的一个方面。口红分珠光和普通两种。两种不同的口红又分别有不同的色彩，比如红色，就有粉红、棕红、杏红、橙红、茶红等。选择口红时，要注意以下三个方面：

◆ 选择口红时要考虑肤色。

肤色偏黄的人适宜选择带红色的玫瑰色系，避免使用黄色系，比如：橘红、酒红、棕红等略带暖色调的口红。

肤色白皙的人可大胆选择任何色系，但选择明亮的色彩最好，比如：桃红、粉红、玫瑰红等。

当肤色偏黑时，选择暗红、赭红等明亮度较低的色系比较好。

当面部有黑斑、雀斑时，则要选择色彩鲜艳的红色系，用来强化唇部，以转移他人的视线。

◆ 口红的色彩还要与腮红协调。比如：蓝色眼影与粉色口红搭配；紫色眼影与玫瑰色口红搭配；棕色眼影与棕红色口红搭配等等。

◆ 选择口红时也要考虑服装的色彩。

在选择单色服装时，与之相配的口红可以是点缀色，也可以是协调色。

比如：在选择一套红色套裙时，如果选择与之相近的红色口红，会产生协调的感觉。穿粉色套裙时，搭配粉色口红，将显得更加秀丽。选择黑色服装时，配以朱红色口红，会很显得迷人。配以玫瑰红的口红，会给人以妩媚的感觉。

当服装的色彩在两种或两种以上时，可以根据服装的主色调（占服装面积较大的色彩）来选择口红，这样可以增加色彩的整体感。

口红在与服装的冷暖色搭配时，色彩也要保持一致。比如：玫瑰红、粉红、紫色等是带有冷色倾向的色彩，与蓝色、紫色服装搭配将很协调。

口红在与深浅不同的服装搭配时，色彩也要保持协调。浅色服装配浅色口红，深色服装配深色口红，这是一种理想的选择。

另外，黑色、白色、灰色都属于中间色，与任何颜色的口红相配都能产生美的效果。

12. 何时补妆

多数女士上班时都会随身带着纸巾、简易化妆盒等物品，这是很好的生活习惯。

在打喷嚏时，纸巾会派上用场。在脱妆时，简易化妆盒也会派上用场。可是，我们经常看到，一些女士不分场合，当着众人化妆或补妆。其实，化妆是个人私事，如果在工作中很随意地化妆，会给人工作不认真、三心二意的不良感觉。当着他人化妆，则既是对自己的不尊重，也是对他人的不尊重。所以，不要在公共场合化妆或是补妆，也不要在工作场合和其他正式场合化妆或是补妆。

我们也经常看到一些女士，用餐后或是脱妆后没有及时补妆的习惯，这样做会使自己的形象失去完整性，并给人以不拘小节的感觉，这是一种不太好的习惯。所以，要养成经常自查的好习惯，要养成在发现脱妆后及时补妆的好习惯。

礼仪专家建议

关于化妆

◆不要混用化妆品。化妆品属于私人用品，是直接接触皮肤的物品，所以，化妆品不要混用。

◆不要随意评价他人的化妆，这样会让他人不愉快，这种做法是有失分寸的。

◆不要询问他人的化妆品是什么品牌、什么价格等等，这样做有打探他人隐私之嫌。

13. 男教师的仪容修饰

随着生活水平的提高，男士们越来越重视自己的仪容美。现在的男士，已经不再是随便找家理发店刮刮胡子或是理理发，而是通过选择适合自己的美容院和美容师，来塑造自己整洁得体的好形象。

据一家广告公司的调查，54%的男性被访者经常使用洁面乳、紧肤水、润唇膏等洁肤和护肤用品，这反映出男士们越来越注重自己的仪表。多数男士还认为，注重仪表修饰能给自己带来自信。

在校园中，仪表得体的男教师更受学生喜欢，因此我们建议男教师的仪容修饰从洁面、面部修饰、面部保养三方面做起。

第一，洁面要选择中性用品。

大家都清楚，PH 值是来表示物质的酸碱性的。当 PH 值 >7 时，表示物质为碱性；当 PH<7 时，表示物质为酸性；当 PH=7 时，表示物质为中性。人的皮肤是弱酸性的，其 PH 值为 5~7，这种皮肤环境有较好的杀菌护肤作用。

洁面时，如果选择碱性较强的香皂等用品，这些用品虽然清洁效果明显，却改变了皮肤的环境，还会刺激皮肤分泌更多的油脂。所以，选择中性洁面用品才是比较科学的。

洁面时，取适量洗面奶或其他洁面用品于手掌，将其打成泡沫状，按照由下向上、由内向外的方式打圈按摩，之后，用流动的清水将泡沫洗净，再用软毛巾将水轻轻吸干即可。

第二，面部修饰要彻底，要讲究。

刀片与皮肤的亲密接触，多多少少会给皮肤带来刺激。在使用刀片剃须时，先将面部洗干净，之后用热毛巾敷面，使皮肤的角质层软化。剃须时要选用比较温和的剃须膏，以减轻刀片对面部皮肤的摩擦。剃须后要涂须后水或须后乳，以调理、镇静紧张的皮肤，使其恢复生机。面部修饰还包括剪鼻毛等。

第三，要养成面部保养的好习惯。

紧肤水可以帮助男士进一步清除表皮残余油脂，收敛毛孔并保持肌肤弱酸性的 PH 值，有些含保湿因子的紧肤水还能进一步软化皮肤。在洁面和剃须后使用紧肤水，会产生很舒适的感觉。紧肤水还能有效地防止因剃须引起的过敏现象。

清爽型的润肤露是不油腻的，它会让面部感觉轻松并能比较迅速地渗透，所形成的保护膜可以有效地锁住肌肤内水分，给面部肌肤带来持久的润泽。

▌14. 规范的发型 ▌

作为教师，发型的选择同面部化妆一样，要考虑对象、环境，还要考虑自身特点。

面对学生这一群体，教师要让学生知道什么是规范的发型。在办公室办公，或是在课堂等一些正式的教育教学场合，发型的选择要把握庄重、严肃、利索大方的原则。

从外在美的角度考虑，我们还应该选择适合自己体貌特征的发型。

1. 男教师的发型选择

男教师的发型多为寸头和偏分，可以根据自己的脸型、喜好进行选择。但是，在头发的长度及体现的风格上要恪守下列规范。

◆ 长度要求。前发不要过双眉，侧发不要过上耳轮，鬓发要在耳部的1/2处，后发不要过衣领。不要剃光头。

◆ 风格要求。不要过分地追求时尚，更不要标新立异（图1-3）。

2. 女教师的发型选择

◆ 长度要求。前发不要过双眉，后发不要过两肩，如果是过了肩部的长发，在课堂及比较正式的教育教学场合，要将长发束为马尾辫或是盘起来。

◆ 风格要求。要体现庄重、传统的整体风范，要谨慎尝试流行发型（图1-4）。

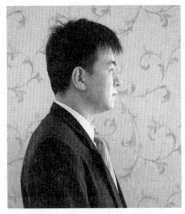 

图1-3   图1-4

除此之外，不论男教师还是女教师，选择发型还要考虑与自己脸型、体型、头型、年龄的协调；与季节相适应；与个人气质相适应；等等。

15. 根据脸型选择发型

我们的脸型大致有圆脸、方脸、长脸、瓜子脸等。根据脸型的不同，选择比较适宜的发型，可以达到扬长避短的作用。

1. 适宜于圆脸的发型

圆圆的脸给人以温柔可爱的感觉，较多的发型都能适合。

◆ 头发的长度要超过下巴，这样有助于产生脸部比较修长的感觉。

◆ 选择带有蓬松感及顶部有高耸感的发型。

◆ 保持两侧头发的宽度，这样就不会让脸显得更圆。另外，还可以用长发来掩饰脸颊的宽、圆感。

2. 适宜于方脸的发型

方脸型会给人带来棱角分明、比较生硬的感觉。我们可以通过发型选择，使自己产生柔和感。

◆ 柔软、浪漫的卷发会使脸部线条看上去柔和许多，还可以用两侧的头发自然地掩饰脸部鼓出来的"刚硬"部分。

◆ 为了使脸显得长一点，可以增加顶部头发的高度。

◆ 长的碎、直发也适合这种脸型。让头发自然垂下，盖住脸部鼓突出来的"刚硬"的部分，便会使脸型变得具有曲线感。比如：方脸的男教师选择偏分的发型，不但可以增加顶部头发的厚度，还可以使脸显得长一些。

3. 适宜于长脸的发型

长脸的特征是面部上下的落差较大，横向距离较小，额头较宽。

◆ 选择恰当的刘海，并且做一些纹理丰富的造型，这对缩小脸的长度是有益的。

◆ 用蓬松卷曲的头发突出强调脸的宽度，特别是中部的宽度，这样做会改变长脸型的视觉效果。

◆ 头顶部的头发要尽量压实，头发的长度不要超过肩膀，这样做会使脸显得宽一些。比如：长脸的男教师，将自己的侧发加厚，顶部头发尽量压实，就会产生脸比较宽的感觉。

4. 适宜于瓜子脸的发型

这是一种很理想的脸型，可以选择各种发型。

5. 适宜于三角脸的发型

选择八字式样或露出额头式样，这样就会将宽大的腮颊部分掩饰起来。

6. 适宜于胖大脸的发型

让头发蓬松地垂在脸上，遮住脸颊和前额，这样会使脸显得小些。

7. 适宜于瘦小脸的发型

可以将头发向外梳理，使侧发尽量蓬松起来，以增加脸的宽度。

▎16. 根据体型选择发型 ▎

恰当地选择发型，可以较好地弥补体型的不足。

◆ 身材高大的人，可以选择线条优美的蓬松发式。比如：长长的马尾式、魅力无穷的波浪式等。忌讳选择短发型，因为那样会显得更加高大。

◆ 身材矮小的人，为避免显得身材更加矮小，要避免留长发。可以选择短发或超短发，再适当烫一些大花，使较低的中心上移，人便显得挺拔一些。

礼仪专家建议

选择发髻

　　身高不太理想的女教师，还可以通过选择发髻来使自己显得比较挺拔。发髻还能给人文静高雅、神清气爽的美感。

　　梳理发髻时，先将头发梳理整齐，在后脑处用皮筋束好并拧成股，缠绕在头发根处，之后把发梢掩在内侧，用黑色或棕色发网套在盘好的头发上，四周用发夹固定。发髻的底端不要低于耳唇，不然将会显得比较累赘。还可以将头发编成发辫，缠绕在头发根部，之后用发夹固定。这种发髻既端庄，又不失青春活泼的韵味。

◆ 脖子较短的人，不适宜留长发，否则会显得脖子更短。可以将两侧头发向后梳，再将发梢向外翻卷，后侧头发留长些，这样就会显得脖子长一些。

◆ 脖子较长的人，可以比较宽泛地选择各类发型。但要注意在选择短发型时，要将后侧的头发留长一些，以免显得太单调。为了避免从头部到颈部的空旷感，还可以选择立领的服装，或选择项链、丝巾等饰品。

17. 仪容的其他细节

契诃夫曾说："人在智慧上应当是明豁的，道德上应该是清白的，身体上应该是清洁的。"因此，我们在重视面部修饰和发型选择的同时，头发的卫生、手部的卫生、指甲的修饰、口腔的卫生也是不可忽略的细节话题。

1. 头发的卫生

勤洗头才能保持头发的卫生，洗头时要根据自己的发质类型选择不同的清洗方法。通常发质有中性、油性、干性、劣质四种类型。

◆ 中性发质的清洗与保养

中性发质既没有干燥感，又没有油腻感，是很理想的、健康的、易于梳理的头发。在洗头时注意不要用很多洗发香波，以免伤害头发。

◆ 油性发质的清洗与保养

油性发质的教师要经常洗头，以保持头发的清洁。洗发时要避免用力揉搓，这样做会刺激皮脂腺分泌，使头发更加油腻。同时，要选择适于油性发质的洗发香波。

◆ 干性发质的清洗与保养

干性发质的特点是经常有头屑，头发比较干燥，这是因为头发缺乏营养。因此，要选用适于干性发质的洗发香波，清洗时水温不要太高，尽量少吹风，少烫发。定期通过美发补充发质营养。

◆ 劣质头发的清洗与保养

易断裂、易打结、很干燥是劣质发质的特点。清洗时按干性发质处理，另外，通过美发补充发质营养和调整膳食是改变发质的好方法。

2. 手部的卫生

在教育教学中，教师经常通过手势动作来强调某种观点或是提醒学生认真学习，教师还经常在学生正确问题回答时，拍一拍学生的肩膀，以此对学生进行鼓励。所以，课堂上教师的双手始终在向学生传达着某种信号或情感。教师伸出去的手应该是让学生乐于接受的。这种乐于接受既来自手势动作的美，还来自教师讲究卫生，手部皮肤健康。

另外，近几年各种传染病的肆虐流行，也提醒我们关注手部的卫生。手在大部分的传播方式中扮演着重要的角色。不进行手部消毒，清洗得不彻底，或不恰当使用清洁产品，污染的手再接触周围环境或是学生，势必造成疾病的传播。医生们建议的六步洗手法是非常科学的洗手方法。

3. 指甲的修饰

留比较长的指甲是不符合教师身份的。教师要注意自己指甲的长度，指甲长度的标准是，掌心向内将手举起，让自己的指尖与眼睛保持水平，如果此时看不到指甲，则指甲的长度是标准的。

美甲是一种好习惯，涂指甲油不但可以使指甲具有光泽，还能给人以健康的感觉。这是最简单的美甲方法。作为教师，选择无色、透明的指甲油是比较适宜的。

4. 口腔的卫生

有时，我们不用询问就能清楚别人中午吃了什么，因为牙齿上的残留物在传达着用餐信息。所以，用餐后照一照镜子，自我检查一下是很必要的。

有时，我们非常期待一次交谈能很快结束，因为对方的口腔异味让我们很无奈。

　　预防口腔异味可以从两方面做起。其一，如果就餐后还要继续上课，就要避免吃大蒜、韭菜等食物。据说，进食韭菜12个小时后，口腔中韭菜的味道才会消失。其二，如果口腔异味是由生理原因所致，就要请医生协助解决。

　　洁白的牙齿会给学生留下很好的印象，教师要定期到医院洁齿，通过洁齿去除牙面的细菌、牙石、色素等牙垢。

THREE

规范的仪态

> 礼节及礼貌是一封通向四方的推荐信。
>
> ——伊丽莎白女王

18. 达·芬奇的教导

达·芬奇曾说："从仪态来了解人的内心世界，把握人的本来面目，往往有相当的准确性与可靠性。"

达·芬奇的这一教导在企业成为面试时使用的手段。比如，美国通用公司的面试过程就很有特点。

当应聘者听到屋里传来的考官呼唤声"下一位，请进"时，应聘者马上来到房间门前。但是，让应聘者感到奇怪的是，考官在距离大门有70~80米的地方，表情凝重地看着自己。

"这是为什么？这是在考什么？我现在怎么办？"面对这意想不到的场景，应聘者的脑海中立刻出现了许多为什么。

"请走到我这边来。"听到考官的指令，应聘者下意识地迈开自己的双腿走到考官面前，等待考官提问。

此时，让应聘者感到奇怪的事情再一次出现了，考官说道："你的面试已经结束，现在可以离开了。"

应聘者完全糊涂了，不清楚应该做出什么反应。但是，他们都分别按照考官的指令，行走了70~80米来到考官面前，又行走了70~80米离开考官。

我们和应聘者一样，也在纳闷：考官这是在考应聘者什么？

在进行仪态礼仪的教学时，我曾经多次以下列方式引入和展开教学。

首先，引入前文我们谈到的案例。然后，问学生或学员："在应聘者行走的过程中，考官在考察应聘者什么？"

接着，请几名学生或学员在教室里走一段路，其他学生或学员扮演考官进行观察，并思考下面两个问题：

他们是如何行走的？这种行走说明了什么？

最后，组织学生或学员进行讨论。讨论中，学生或学员们说：

"××同学是笑着走过来的，说明他很自信。"

"××同学走得很有劲，给人以很坚定的感觉。"

"××同学走得规矩，我觉得她是一个有修养的人。"

"××同学走得顺拐（一顺）了，这容易给考官留下紧张、心理素质不太好的印象。"

在情景教学中，学生或学员给出了他们的答案，同时也验证了达·芬奇的教导所蕴含的客观道理，一个人的仪态是其内心世界的表达。

通用公司通过应聘者的仪态，考察他们的心理素质是否过硬，是否具有良好的修养，是否具有一定的应变能力，等等。

我们都会通过一个人的外在表现而给予他是怎样的人的评价。学生也是这样。当我们面带微笑出现在课堂上时，会给学生们留下"这位老师是和蔼可亲的人"的印象。

当我们的站、坐、行走等一举一动，给学生带来美感时，也会给学生们留下"这位老师很有修养"的印象。

当我们在走廊里听到学生"老师好"的问候，如果能一边认真地点一点头，一边声音温柔地回应学生"你好"，会给学生们留下"这位老师是值得敬佩的人"的印象。

19. 做善于微笑的教师

在教育教学中，我们深知，合理地选择直观、形象的教具会提高教育教学效果。我们也经常用"一张图片与一千个词同价"来形容教学手段与教学效果的关系。

研究表明，学生的知识有 75% 是通过视觉获得，13% 是通过听觉获得，12% 是通过触觉、嗅觉或味觉获得。

研究还表明，学生通常只能记住 10% 读过的东西，20% 听过的东西，30% 见过的东西，50% 既听见又看见的东西。

所以，综合利用视觉和听觉等器官是教师必须关注的教学手段。我们发现，面带笑容的教师会给学生以和蔼可亲的感觉，同时还会营造出舒适、宽松的课堂气氛（图 1-5）。在这种氛围中，教师的教学过程是快乐的，学生的学习过程是快乐的，当然，学生的学习效果也是良好的。这是因为教师自身就是教学的直观"教具"。

图 1-5

美国著名心理学家温凯尔曼，曾经做过一个这样的实验，他请来很多口干舌燥的大学生，将他们分成两部分，一部分凝视着一位面带快乐表情的人，另一部分则凝视着一位面带愤怒表情的人，大家共同喝饮料。

实验结束后温凯尔曼发现，凝视快乐表情的大学生，喝掉的饮料是凝视愤怒表情大学生的两倍。据此，他得出了"微笑会影响他人的消费"的结论。同时，温凯尔曼还就饮料的价位进行了调查，结果是，看到快乐表情的大学生愿意付 38 美分，而那些看到愤怒表情的大学生则只愿意付 10 美分，这是一个近似 4∶1 的比例。据此，温凯尔曼又得出了"微笑可以影响他人的判断"的结论。

饮料是产品。温凯尔曼通过实验证明了，当销售人员面带微笑时，顾客的消费增多了，消费能力也增强了。

教育也是产品。当我们面带微笑时，学生对我们的教育这一产品的接受度一定会提高，学生学习的质量及效率也一定会相应提高。

教师的微笑不但有益于教育教学的有效进行，还能给我们带来其他益处。

心理咨询师建议在职场上拼搏的人十，选择微笑来为自己"减压"。其实，教师每天的工作压力也很大，我们也可以选择这一做法。当我们面带微笑时，美好的表情会内化为好心情。

2008年，北京举办了第29届奥运会，志愿者们的微笑成为中国的名片，恰到好处地展示了中国的国富民强及民族自信心。我们的笑容既是自信的表现，同时也是生活美好的表现。

"笑一笑，十年少"，这句民间俗语道出了微笑的益处。一位103岁的老者讲起她的长寿之道时说："我很少有烦恼，周围的人都说我总是乐呵呵的。"

微笑还可以消除矛盾。中国人有"举手不打笑脸人"的处世哲学。

教育家卡耐基这样夸赞我们的祖先们："中国的先辈们很会做生意，他们什么时候都是一边点着头，一边微笑着。"

伦敦酒店学校的校长教育他的学生："不论客人多么过分，你都要保持微笑。"

我们敬仰的周恩来总理，他得体的微笑，直至今天，仍深深地印在我们的心中。

微笑，是教师最直接的、有效的课堂"教具"。

微笑，是人与人之间事业上的相互支持。

微笑，是一种人间真情的交融。

微笑，是教师在紧张的教育教学中放松心情的好方法。

20. 微笑的自我训练

日本的空中小姐及电话接线人员，在上岗前都要进行严格的微笑训练。随着我国经济的快速发展，随着国际间交往的深入，很多企业已经将"微笑面对客人"提到议事日程上，学校也是如此。

笑有许多种，可以分为微笑、大笑、欢笑、苦笑、奸笑、嘲笑等。要严格把握微笑的要领，避免做出有消极效果的表情。我们可以参考以下自我训练方法。

站在一面镜子前，让自己全身放松，将头摆正。回想自己生活中遇到的愉快的事情，把愉快的心情通过面部表现出来。

具体做法是：面部肌肉放松，不出声，不露齿或微露齿，嘴角微微上翘。要通过自我观察，找到自己认为笑得最灿烂时的感觉，并将这种感觉记在心里。

还可以面对镜子，口中发出"一"的声音，这时两颊的肌肉会自觉向上抬起，嘴角也会向上翘起，我们就做出了微笑的表情。用这种方法进行自我训练时，关键是要自然，要发自内心，无做作之感。

除此之外，还可以口中发出"cheese"的声音，同样可以得到上述训练效果。

在进行上述训练时，最容易忽略的问题是眼睛与表情的不和谐。

礼仪专家建议

学会用眼睛来笑

站在镜子前，用一本书遮住眼睛下面的部位，回忆使自己高兴的事情，将愉快的心情通过眼睛表现出来。这时，我们会在镜子中看到自己的笑肌抬升收缩，双眼随之呈现出笑意，直至面部肌肉放松后，目光还是温和的。

微笑的自我训练要经常进行，以使自己能很自信地、恰如其分地把握好微笑的要领。

21. 教师的目光与读懂学生

在 2004 年的奥运会上，中国健儿取得了优异的战绩。赛后，射击冠军陶璐娜讲道："教练许海峰在比赛前告诉我，'在心里没底时，你就回头看着我'。"陶璐娜成功了，她的成功是勤奋刻苦的结果，也是赛场上许教练坚毅而自信的眼神给予她鼓励的结果。

早晨上班时，用愉快的目光凝视自己的同事，主动地问候一声："早上好！"彼此都会有良好的心情。

在课堂上，当学生违反课堂纪律时，教师投去严肃的目光，学生如同得到教师的提醒："这样做是不可以的，请遵守纪律。"

以上这些都告诉我们，眼神是一种无声的语言。"眼睛是心灵的窗户。"眼睛可以表露出人的内心情感、对事物的反应、心理素质以及人生态度等。在人际交往中，在教育教学中，我们要有意识地用眼神交流，用眼神表达内心的情感。

正确使用眼神要注意以下四个方面。

第一，目光的凝视区域。

凝视他人身体的不同位置，会给对方带来不同的情绪体验。在人际交往中，目光的凝视区域，根据交往对象的不同，一般有以下三种情况。

◆ 社交凝视区域。社交凝视区域是指以双眼为上线，唇心为顶点所形成的倒三角区。这是适宜于社交场合的凝视区域，在相互交往中凝视这一区域，会营造一种平等宽松的交往氛围。这种凝视区域适宜于和学生、同事以及家长的交流。

◆ 亲密凝视区域。亲密凝视区域是指由胸部到双眼之间的身体区域，这种凝视区域适宜于亲人、恋人之间的交流。在与他人关系比较生疏的情况下，选择这种凝视区域，会被对方视为无礼或不怀好意。

◆ 公务凝视区域。公务凝视区域是指以双眼为底线，顶角到前额所形成的三角区域。这种凝视区域适宜于洽谈业务、贸易谈判等。这是给人带来严肃认真、很有诚意的印象的凝视过程，还会产生把握谈判主动权和控制权的效果。

第二，目光的凝视角度。

在注视交往对象时，注视的角度很重要，如果把握不好，就容易引起误会。凝视的角度有仰视、正视、平视及俯视四种。

◆ 仰视。仰视对方表示景仰与尊重他人。当站在低处看高处的人时，一般会出现仰视现象。学校在开学典礼或表彰大会上，经常安排上级领导以及获奖者来到主席台，这种做法使来到主席台上的人内心愉悦，感到被尊重。我们在教学中，还经常将表现好的学生请到讲台前，学生会因此而受到鼓舞。

◆ 正视。正视是指与交往对象正面相向，头部与上身朝向对方，这是重视对方的一种表现。在与学生或家长交谈时，如果面对的不止是一个人时，要注意头部与上半身的朝向，要随着讲话者的变换来转动上体，而不要只是将头转过去，更不要斜着眼睛看对方。

◆ 平视。平视是指交往的双方站在相似的高度，相互凝视。这种凝视角度可以体现双方地位的平等，体现出人际交往的和谐。所以，在有家长到来，或领导前来问候时，我们要起身迎接，如果此时还端坐在椅子上，容易给对方留下无动于衷、满不在乎的印象。

◆ 俯视。俯视是指在高处看着低处的人。俯视容易使对方产生权威感，这是容易造成与学生、家长交流障碍的方式。所以，尽量不要站在高处与他人交流。

第三，目光的凝视时间。

中国人习惯在人际交往中，用整体谈话 60% 以上的时间凝视对方，但是，又不能总是凝视对方。于是，我们习惯采用"散点柔视"的凝视方法看着对方。

"散点柔视"就是目光既要柔和，还要适当将目光从对方面部短暂移开。移开时，可以看一看自己手中的笔记本，也可以将目光略向左或向右移开片刻。要注意目光移开的时间不要太长，一般以 2~3 秒为宜，时间过长，对方会以为我们心不在焉、开小差了。

第四，容易产生误会的目光。

容易使学生或家长产生误会的目光有以下 7 种。

◆ 在交谈中经常左顾右盼。比如：谈话时，如果经常看手腕上的表，就容易让对方觉得我们三心二意，从而伤害对方自尊。在接待家长时，如果因为有急事处理而需要结束谈话，可以用委婉的语言暗示对方，不要采用这种太直接的方式。

◆ 在没有任何理由的情况下，尤其是在异性之间，注视对方的大腿、腹部、胸部、头顶等部位，这些做法是极为失礼的。

◆ 斜视或者偷偷注视对方，这样做容易使交往对象有被监视的感觉，自己的形象也会大打折扣。

◆ 高高在上俯视对方，这样做会使双方产生距离感。教师在教学中时常会走到学生面前，上身前倾地与学生进行对话，这种对话方式会给学生带来轻松温暖的感觉。

◆ 不敢正视对方或是躲避对方的眼神。

◆ 对他人上上下下，反复打量。这是一种怀疑、挑衅的目光，会令对方很不舒服。

◆ 当他人遇到尴尬的事情时，探询、好奇地凝视。此时，应将目光移开，不然，对方会认为我们在看他的笑话。但是，也不要将目光迅速地移开，否则，对方会认为我们在讽刺与嘲笑他。

第五，读懂学生。

2017年的澳网比赛，费德勒获得了冠军，但这一冠军的取得实属不易。

当比赛到决胜盘时，费德勒接连输球。此时现场直播的镜头摇向了费德勒的妻子米尔卡。我们透过镜头看到米尔卡表情凝重，用自己的右手不停地挤压自己的左臂。

无独有偶，2015年江苏卫视的最后一期"非诚勿扰"节目，现场来了一位马来西亚的小伙子。当他向女嘉宾郭思敏表达爱慕之情时，郭思敏用自己的右手不停地拍打着左臂。

米尔卡、郭思敏的举动让我们感到：当人们比较纠结时，会出现这种下意识的微动作。

这样的微动作很有价值，因为它是真实的。

过去，刑侦人员、人力资源等通过对方的微动作及微表情断案或是完成面试。今天，期待老师们可以通过学生的微动作、微表情判断学生的情绪及需求，并给出正确的、恰当的教育方式。

我们的双眼不但要使学生感到温暖，还要通过我们的双眼读懂学生。

22. 教师的常用站姿

让我们先来学习教师的标准站姿，标准站姿的要领包括以下7个方面。

第一，让面部朝向正前方，下颌稍内收，目光平视，颈部挺直，面部肌肉放松。

第二，两肩向后展开，注意不要耸肩，保持放松。

第三，两臂自然下垂，双手中指分别放于裤缝或裙缝处，手指自然弯曲。

第四，收腹。做深呼吸，使腹部肌肉紧张起来，再轻轻将气体呼出，但是腹部肌肉要保持收紧，不要松懈。

第五，立腰。我们可以通过找到参加体检度量身高时的感觉来完成立腰的动作。

第六，提臀。由于遗传的原因，多数中国人腰比较长，臀部有些下垂。我们很羡慕西方人浑圆、上翘的臀部形态。

但是，羡慕别人不如从自己做起，我们可以通过自我训练来延缓臀部由于地球引力、衰老、遗传等因素而下坠的趋势。这就是要常常提醒自己"将臀部收紧"。

第七，双腿直立，将双腿膝盖及脚后跟并拢，脚尖打开成"V"字形（打开的角度以能容下自己的一个拳头为宜）（图1-6）。

按照以上要领站好后，从侧面看，头部、肩部、上体与下肢会在一条垂线上。从正面看，应该是头正、肩平、收腹、身体直立。这样会给人以挺拔、稳重、美好的感觉。

要经常检查自己的站姿是否符合上述要领，及时纠正不良的姿态，将良好正确的站姿保持下去。

教师在课堂上或在各种活动中还可以参考下列两种站姿。

◆ 双手叠放

不论是男教师，还是女教师，都可以将双手相叠之后垂放于腹前。具体做法是将双手四指并拢，右手在外，左手在内，将右手食指放于左手指跟处，并将拇指放于手心处（图1-7）。

图 1-6

图 1-7

这种双手叠放式站姿，能很好地体现教师谦恭和严谨的形象。我们可以将这种站姿用于学校会议中的起身发言、接待领导及来访者等场合。

◆ 双脚平行

男教师可以将双脚打开，打开的距离不要超过自己肩的宽度。还可以将双手相叠放于体后，同样是要右手在外，左手在内（图 1-8）。这种站姿可以用于课堂秩序的管理、完成监考任务等场合，因为这是给学生带来权威感的站姿，所以，与家长、同事交流时要避免这种站姿。

女教师可以将双脚并拢，在课堂上，女教师还可以将双脚略微打开。

在课堂上，不论是男教师，还是女教师，还可以

图 1-8

选择一只脚在前、另一只脚在后的站立方式。但是，要注意膝盖不要弯曲。

课堂上，教师还可以采用上身略前倾的姿态，与学生进行教育教学交流，这样做能给学生带来积极、亲切的情绪感受。

礼仪专家建议

站姿的自我训练

　　我们可以选择一面洁净的墙壁，将脚后跟、小腿肚、臀部、两肩、后脑靠在墙壁上进行训练。通过这种训练方法，不但能规范自己的站姿，还能纠正不良的站姿习惯。

　　我们还可以选择双人训练法。做法是两人背靠背，互相将脚后跟、小腿肚、臀部、肩部及后脑靠在一起进行训练，这种训练方法是非常温馨和美好的。

▌23. 教师要杜绝的站姿 ▌

　　错误的站姿，不但影响体态美观和身体健康，还会在人际交往中造成消极影响。比如：将身体的侧面或背面朝向他人，会让对方感到不被重视和遭到冷落，使对方的自尊心受到伤害。又如：站立时，如果腿不停地抖动，这不但使交往对象心烦意乱，还会给他人留下缺乏教养的印象。所以，要杜绝不良的站立习惯，尤其要避免以下7个方面的问题。

◆ 双腿分开过大

男教师要严格遵守双腿分开的宽度，不要使其超过自己两肩的宽度。女教师要严格遵守双腿分开的幅度越小越好的基本要求。把握好这一点，才会使自己的站姿比较适宜。否则，对于男教师而言，会给人过于张扬狂妄的感觉；对于女教师而言，会给人以不太体面、缺乏自尊的印象。

◆ 小动作太多

课堂上，教师手势动作太多，会给学生眼花缭乱的感觉。日常交往中，腿部不由自主地抖动、上身不停地扭来扭去、左顾右盼等，这些小动作是不成熟、心理不太稳定的表现，要杜绝这些小动作。

◆ 手位不恰当

我们看到他人用手挖耳朵、抠鼻子时，会感觉很不舒服。当我们将双臂抱在胸前时，往往给他人"此事与己无关"的感觉。将手放在衣服口袋中，又会给他人留下比较懈怠的印象。将手放在脑后，或是用手托着下巴等，这些手部动作都会影响站姿的整体效果。

◆ 脚位不恰当

站立时，容易产生的不恰当脚位有：一只脚站在地面上，另一只脚放在椅子横梁上，或是脚尖点在地面上等，这些脚位都是很不雅观的。如果在站立时，一种站姿站累了，可以用变换不同脚位的方法，来变换身体的重心，这样就能缓解疲劳。

◆ 弯腰含胸

弯腰含胸是一种身体健康状况不佳的表现，要及时纠正。不然，随着年龄的增长，这种现象会逐渐加重且很难矫正，从而影响外在形象。

◆ 肩部歪斜

多数人的双肩，都有不一样高的现象。大家可以站在镜子前自己进行观察，并加以纠正。

◆ 随便倚靠它物

站立时将身体倚靠在墙上，交谈时将身体倚靠在桌子、椅子上等，都会给人懒惰、涣散的印象，都是不可取的站姿。

▌24. 教师的常用坐姿 ▌

我们先来了解正坐式坐姿。

在入座时，要做到轻和稳，女教师落座时要将裙子用手背向前拢一拢。男教师在入座时要轻轻地提一提裤子。在人多的场合集体入座时，为了避免相互妨碍，要做到左入左出，就是要从椅子的左侧入座和离座。

对他人表达恭敬的做法是坐满椅子的三分之二，这样还能表现出和蔼、热情的态度。与他人交谈时，身体略向前倾，能体现出积极与主动交流的意愿。

落座后，头部要摆正，双目要平视，下颌要内收，上身要挺直，胸部要挺起，腹部要收紧。表情要放松。

落座后，双手要右手在上，左手在下叠放于大腿上。如果体前有桌子，男教师可以将双手十指交叉后放在桌子上。女教师可以将双手叠放于桌子上。

要注意的是，将小臂的二分之一放于桌面即可，小臂放于桌面部分过多，会出现趴伏的现象。

落座后，女教师要将双腿、双脚并拢，小腿垂直于地面或向前伸出10厘米左右。男教师双腿、双脚可以打开，但是，双腿分开不能超过肩部的宽度（图1-9）。

离座时，起身要缓，要无声响。

我们还可以选择下面三种坐姿。

◆ 交叉式坐姿

将双脚的脚踝交叉在一起，双腿可以垂直于地面，也可以向前伸出 10 厘米左右，这种坐姿适合于各种正式场合（图 1-10）。

男教师在选择踝部交叉式坐姿时，可以将双膝略打开，还可以将双脚略内收（图 1-11）。女教师在选择此坐姿时，双膝要并拢。

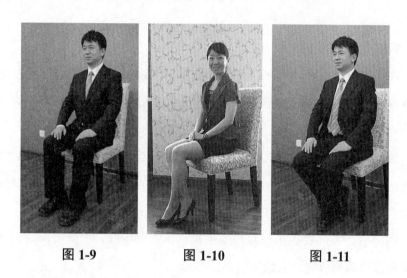

图 1-9　　　　　　　图 1-10　　　　　　　图 1-11

◆ 开关式坐姿

让自己的一只脚在前，脚掌着地，另一只脚在后，脚后跟略提起。两只脚的脚尖略向外侧打开。男教师的双膝可以略打开，女教师的双膝要并拢。这种坐姿适合于各种正式场合（图 1-12）。

◆ 叠放式坐姿

将双腿叠放于一起，男教师可以将放于上面的腿略向侧前方伸出。女教师要将大腿、小腿叠放在一起，脚尖要尽量指向地面（图 1-13）。这是一种造型比较优美的坐姿，但是，这种坐姿会给人比较悠闲的感觉。所以，选择这种坐姿时要注意两个问题，一是在正式场合尽量不要选择叠放式坐姿，二是当交往对象没有选择此坐姿时，自己也尽量不要选择。

图 1-12   图 1-13

在叙述坐姿的要领时，我们更多地提到了腿部的造型。现在，我们来谈一谈双手的摆放方法。

◆ 将双手放在大腿上。有两种方法可以供教师选择：一是将双手叠放于大腿上，二是将双手分别放在两条大腿上。

◆ 将双手放在一条大腿上。双手叠好后，放于一条大腿上。在与人进行交谈时，将双手放在离对方距离比较近的腿上会更好。

◆ 将双手放在椅子的扶手上。如果椅子有扶手，当选择侧身落座时，可以将双手叠放于一侧的扶手上。正身落座时，可以将双手分别放于两侧的扶手上。

礼仪专家建议

坐姿的自我训练

教师可以坐在镜子前，按照正确坐姿的要领进行自我训练，要重点检查腿位、脚位、手位的姿态。同时，可以放自己喜欢的音乐，以减轻疲劳。另外，要把训练的成果用于实际工作和生活之中。

25. 教师要杜绝的坐姿

下面是 12 种坐姿禁忌，尤其在正式场合要注意。

◆ 入座时不要慌慌张张，这样会使得桌椅乱响。落座后也不要不断整理服饰。

◆ 女教师不要双腿叉开，男教师不要双腿叉开过大。

◆ 不要将小腿架在大腿上，这是比较放肆的姿态。

◆ 落座后，腿部不要不停地抖动，这样会使人感到心烦意乱。

◆ 不要当着他人脱鞋脱袜，这是一种很不文明的举止。

◆ 脚尖不要指向他人，这是一种失礼行为。

◆ 不要将脚尖翘起来，这样容易给人以比较幼稚的感觉。

◆ 不要将肘部支于桌面，这是对他人不礼貌的做法。

◆ 不要将双手夹于两腿之间，这会给人害羞、没有信心的感觉。

◆ 不要趴在桌上，这是一种很松散的姿态。

◆ 不要双腿伸出太远，这是冒犯他人的行为。

◆ 不要将双手抱在腿上，这一姿势不适合工作场合。

26. 教师的走姿

赵本山是 一位优秀的演员，他表演的小品，多年来已成为春节晚会上最受欢迎的节目。赵本山的语言很有幽默感，他在舞台上的步伐也很有戏剧色彩。他尽力让自己的步伐迈得大一些，让自己的双脚落地轻一些，同时又要保证不让自己摔倒在舞台上。他就是凭这种独特的展示方式，让观众捧腹大笑，给观众带了快乐。

赵本山在舞台上颇具戏剧色彩的步伐告诉我们，行走的稳定性与步幅的大小有直接关系。除此之外，行走中的步位、步速及身体的整体协调等也都很重要。

1. 行走的基本要领

行走时，步幅的大小应该是自己一只脚的长度。步幅太小会给人做作的感觉，步幅太大不但会显得有失稳重，还会显得不太成熟。步幅要尽量均匀，不要忽大忽小。

行走的速度应该适中，保持在每分钟110步左右，也就是我们熟悉的《运动员进行曲》的节奏。另外，还要做到步速均匀，不要忽快忽慢。

行走时，女教师的步位要形成一条直线，男教师要形成两条平行线。双脚不要出现"内八字"或"外八字"。

为了行走得美观，要做到让身体的重心自然转移。起步时，身体前倾，身体重心落在前脚掌上，随着身体的不断前进，重心不断发生转移。行走时脚跟首先落地，膝盖在脚落地时要伸直，双臂以肩为轴，前后自然摆动，摆幅在30~35度左右。两眼平视前方，挺胸抬头，步伐轻松矫健，形成优美的动态效果（图1-14）。

图 1-14

2. 行进的自我训练

◆ 步速的训练。我们可以用进行曲的节拍控制自己的步速，使步速基本达到标准要求。

◆ 步幅的训练。可以采取自我度量法，具体做法是：左脚向前迈出一步，之后以右脚的脚尖为轴，将右脚脚跟以顺时针方向转动至左脚脚后跟处，便基本可以度量出步幅是否标准。

◆ 双臂摆动训练。身体站直，双臂自然摆动。注意摆动的幅度，双肩不要太僵硬。

◆ 行走的步位训练。对于女教师，可以选择在地面上画一条直线，或是目测一段直线距离，使自己行走时的每一步都落在这条直线上。男教师要走出平行线。

在训练行走的稳定性时，可以将一本书放于头顶，行走时做到头正、颈直、目不斜视、呼吸均匀，争取让书本不掉落。

在课堂上，为了完成教学，为了更好地与学生交流，我们会经常变换自己所在的位置。需要注意的是，教师身体位置的移动不要过于频繁，以免干扰学生的情绪。

在校园中，教师要认真对待学生的问候。表达态度认真的方法很简单，将行走的速度稍微放慢些就好。

27. 教师要杜绝的走姿

下面是7种走姿禁忌，教师在工作和生活中需要注意。

◆ 行走时，尽量不要在人群中穿行。这是一种不礼貌的行为。

◆ 要注意行走时的先后顺序，不要争先恐后。教师还要养成主动让路的习惯。学生在听到上课铃声时，会迅速回到教室，此时，为学生让路，不但能给学生带来方便，还能体现出教师的良好修养以及榜样的作用。

◆ 要选择适当的行进路线，不要只考虑自己方便。比如：在走廊行走时，要靠右侧。行走时要保持一定的行进速度，不然就有可能阻挡他人的道路。

◆ 不要不守秩序。行走时，尽量不要超越前边的人。如果需要超越，要说"对不起"、"借光"等。

◆ 不要连蹦带跳。作为教师，做任何事情都要有"度"的把握，不要喜形于色。

◆ 不要跑来跑去。一般情况下，即使遇到急事，也不要奔跑，不然会让周围的人情绪紧张，不知所措。可以选择加快脚步、加大步幅的方式行走。

◆ 不要制造噪音。走路要轻，尤其在学生上课期间，各种噪音都会干扰课堂教学的进行。

28. 教师的蹲姿

课堂上，幼儿教师为了接近孩子，会经常选择蹲下来的方式和孩子进行交流，这不但有利于教学，还对培养孩子的自信心起到积极作用。

日常工作和生活中，我们也会遇到东西掉落在地上，需要捡起来，或是鞋带开了，需要系上的时候。此时，要注意选择弯腰捡东西、系鞋带的姿态，选择正确的下蹲姿态。

1. 蹲姿的要领

◆ 左脚向后退半步，前脚掌着地。

◆ 右脚的脚掌全部着地，上身整体下沉。

◆ 左腿膝盖低于右腿膝盖。男教师可以将双

图 1-15

腿略分开，女教师要将大腿靠紧。用左腿支撑身体，臀部要向下（图1-15）。

根据具体情况，还可以选择右脚向后退半步的下蹲方法。

2. 下蹲时，要注意以下问题

◆ 不要突然下蹲。突然下蹲会使周围的人不知所措，有时还可能发生意外。

◆ 不要距离他人太近。要保持一定的距离，以免使对方产生紧张情绪，并防止互相碰撞。

◆ 注意方位。正面朝向他人下蹲，是一种很尴尬的姿态，要选择侧向他人的方式下蹲。

◆ 注意掩饰。尤其是女教师，在穿着裙装下蹲时，更要注意掩饰身体，不要双腿叉开。

29. 教师的致意方式

致意是人际交往中简单而又常用的一种礼节。我们先来了解致意的类型。

第一，微笑致意。

上文中，我们曾将微笑作为一个比较重要的话题和大家进行了比较详细的交流，微笑本身就是一种致意的方式。

第二，举手致意。

在距离同事或是学生比较远时，我们可以通过将右臂抬起，掌心向前，轻轻挥动两三次的方式和对方打招呼。注意，摆动的次数不要太多，速度不要过快。一般情况下，右手手指也不要举过自己的头顶。

第三，起身致意。

在家长、领导到来或是离去时，要起身致意。此外，还要注意待家长或领导落座后，自己再落座。如果家长或领导要离开，要等对方起身后自己再起身，不然，容易给对方以急于让其离开的感觉。当对方将自己介绍给他人时，也要起身致意。

第四，欠身致意。

欠身致意的要领是，上身以髋关节为轴向前倾，一般幅度在15~30度左右，双手放于体侧或腹前，目视对方。这是向他人表示恭敬的好方法（图1-16）。

图 1-16

第五，点头致意。

在课堂上与学生交流，或在校园中遇到同事时，都可以采取点头致意的方式表示肯定或问候。

第六，脱帽致意。

如果是戴着有沿的帽子，在举行升旗仪式时要脱帽致意，无沿的帽子可以不必脱帽。

在致意时，一般会综合使用两种以上的致意方式。比如：微笑致意与点头致意并用，微笑致意与挥手致意并用等。

在看到对方向自己致意时，要用同样的方式热情还礼，不要毫无反应，视而不见。

礼仪专家建议

致意的顺序

致意时，约定成俗的顺序是：年轻人先向长者致意，学生先向老师致意，下级先向上级致意，男教师先向女教师致意，教师先向家长致意。

在向多人致意时，要遵循先长后幼、先女后男、先疏后亲的顺序原则。

30. 教师常用的手势

在人际交往中，为他人做介绍，给他人指引方向或请他人落座时，经常要使用手势语。在教育教学中，对学生表示肯定，请学生起身回答问题时，也会经常使用手势语。手势语还可以用于教学中吸引学生的注意力或是夸赞学生。教师常用的手势有两种。

1. 侧摆式手势

规范的侧摆式手势是，将右手（左手）从体侧或体前轻轻抬起，掌心朝向侧前方，四指并拢，拇指略分开，指向目标方向。做此动作时，要使肘部有一定的弧度，这样会使他人感觉比较柔和。右手或左手抬起的高度要以选定的目标位置而定。

在为他人做介绍时，手的高度要在对方胸和腰之间。在请他人落座时，将手指向椅子即可。在为他人指示方向时，手的高度以所指方向的高低而定。比如：引导家长上楼时，手臂要抬高一些。在走廊引导家长时，手和小臂的高度应该保持水平。

使用侧摆式手势时，要上身侧向对方，面部朝向对方，目光凝视对方（图1-17）。

图 1-17

2. 夸赞的手势

教师在课堂上面带微笑，伸出拇指夸赞学生时，会极大地激发学生的学习热情，并使学生的良性行为得到强化。

我们还会用鼓掌的方式激励学生，或是欢迎他人的到来。

鼓掌时要注意，使用双手互相拍打的击掌方式，往往是儿童的行为。成人的击掌方式应该是：用自己的右手手掌击打左手手掌。请大家用两种不同的方式来做一下对比，是不是感觉完全不同。

3. 教师的课堂教学手势

（1）交流的手势（图1-18）。将手伸出，并使手心向上，指向学生或他人。

图 1-18

（2）拒绝的手势（图1-19）。单手或双手掌心向下，作横扫状。

图 1-19

（3）警示的手势（图1-20）。将掌心向外，指尖朝上。

图 1-20

（4）指明的手势（图1-21）。掌心向上，指向目标方向。

图 1-21

（5）号召的手势（图1-22）。将单手或双手手掌向上，挥向内侧。

图 1-22

（6）激情的手势（图 1-23）。单手或双手握拳，向上举起。

图 1-23

31. 教师递接物品的方式

据说，在没有发明餐具的年代，我们的祖先为了卫生和用餐方便，将自己的双手作了分工：用右手取食物，用左手来处理废弃与不清洁之物。尽管目前多数民族用餐具进食，但是，认为左手不清洁的这种传统意识还继续保留着。所以，在递物、接物时不要用左手，以免给对方带来不愉快的情绪。

在递物、接物时，要用双手或用右手（图 1-24）。当教师用双手接过学生的作业本时，学生会感觉到教师对自己的重视。当双手不方便递物、接物时，可以用右手，要避免用左手。

图 1-24

递物、接物时还要主动走向对方，不要站在原地，等着对方走过来。

递物时，要争取递到对方手中，不要随便地放在桌上或其他地方。

递物时，要将带有尖或刃的物品朝向自己。像钢笔、刀子等带有尖和刃的物品，如果将尖或刃朝向对方，容易给人带来不良的心理暗示，使他人产生不愉快的心情。

第二辑

做善于沟通的教师

ONE

不失足于人，不失色于人，不失口于人。

——《礼记》

┃ 32. 新凤霞的语言智慧 ┃

　　心理学家告诉我们，人们在表达自己的情感时，绝大部分信息不是来自语言，而是来自声音和表情。

　　在学习人际沟通理论时，我们还从专家那里得到了"有效沟通，20%的因素是有声语言，80%的因素是肢体语言"的忠告。所以，这本书的第一部分"做仪表得体的教师"就显得尤为重要。这本书的第二部分，我们将分享在与家长、学生、同事等的人际沟通过程中，能够提高沟通质量、讲究礼仪规则的方式方法。

　　言为心声，这一中国成语，道出了人际沟通过程中有声语言的重要意义。

　　已故的著名评剧表演艺术家新凤霞，曾和丈夫吴祖光一起举办过一次

"敬老会"。他们邀请了很多著名的文艺界前辈，其中包括齐白石、老舍、梅兰芳、欧阳予倩等。

当时已92岁高龄的齐白石老人，兴致很高，在看护伍大姐的陪同下，应邀而来。

新凤霞是"敬老会"的举办人，她忙前忙后地招呼着客人们。当她看见齐白石老人到来时，急忙迎上前去，并搀扶着老人入座。

老人愉快地拉着新凤霞的手，上上下下仔细打量着她，看得出，老人很喜欢新凤霞。此时，站在一旁的伍大姐，担心新凤霞被老人看得不好意思，就用略带责备的语气说："你看你，总看着别人做什么？"

齐白石听到伍大姐的话，十分尴尬。

他放开新凤霞的手，看着伍大姐反问道："我这么大年纪了，怎么就不能看她呢？她生得好看！"老人的脸涨得通红。

周围的人都不知道怎么劝老人，当时的气氛有些紧张。

看到这种情况，新凤霞想，这种现场气氛会使"敬老会"失去敬老、乐老的意义，作为主人，这可是极大的失职。想到这里，她笑着拉住老人的手，一边摇一边说："老人家，您看吧，我是演员，我不怕看的。"

新凤霞的一句话将老人逗得笑了起来。大家也觉得新凤霞的话有道理。甚至有人提议说：既然老人这么喜欢你，你索性拜老人为干爹吧。

齐白石非常高兴。就这样，一场小风波转瞬即逝，"敬老会"重新回到了轻松融洽的气氛之中。

在上述这个故事中，因为伍大姐带着指责的情绪埋怨齐白石老人，所以使老人非常尴尬。而新凤霞出于对老人的尊重，选择了巧妙的语言，为老人消除了尴尬。

在人际沟通过程中，语言的组织很重要，将组织好的语言用一定的方法说给对方听也很重要。

作为教师，在教育教学中必须组织好课堂秩序。课堂秩序的组织要通过科学的方法，而任何一种好方法的实施都离不开教师的语言。

每一堂课的最初阶段，如果组织得好，往往会使这堂课进行得比较顺利。所以，要将课前师生间的互相问候完成好。

课前问候时，我们首先要站得美观、规范，并提醒学生："有很多同学的站姿是规范的，老师的站姿是不是也很规范？"用身体力行的方法和委婉的语言让学生们一同认真起来。

课前问候时，我们也要面带微笑，并提醒学生："我知道，大家喜欢爱笑的老师，其实，老师也会喜欢爱笑的学生。"这样会为课堂营造一个温馨、快乐的氛围。

课前问候时，我们的声音还要热情、生动。比如：将"同学们好"的最后一个字"好"，用降调的方法处理，会给学生带来懈怠、情绪比较负面的感觉，但是，将"好"字有意识地用升调法处理，感觉会完全相反。

教师尽管可以借助一些高科技手段，比如多媒体、实物投影等来完成教学，但是，这些高科技手段只能起到教学的辅助作用。完成教学任务主要还是通过教师与学生的交流进行的。当教师有意识地、科学地组织语言进行课堂交流时，当教师与学生心灵间产生互动时，才有可能产生高质量的课堂教学。

33.对"升调"与"降调"的不同感受

讲话时，不同的语调会给听讲的一方带来不同的情绪体验。

低沉的语调容易使学生产生排斥心理。

当教师的语调低沉时，还会让学生感觉这是教师在命令自己。比如：在课堂上与学生进行对话交流时，如果声音低沉地看着学生说"请讲"，这样的语调会使学生产生抵触情绪。因为，在任何一个人的内心深处，都有对他人命令的排斥心理。此时，即使学生出于无奈站了起来，也不会产生好的交流结果。

低沉的语调还会给学生懈怠的感觉。

当一个人的身体状态不太好时，或情绪不太振作时，我们会很容易感觉到。这种感觉来自这个人给出的多方面信息，其中就包括讲话时低沉、软绵绵的语调。

记得一次在公交车上，乘务员希望乘客向车厢里边走一走，她说道："请中间的乘客向里边走，车下还有乘客没有上来。"她一遍一遍地重复着。我相信，车厢里的乘客都听到了她的话，但却没有乘客做出响应，尽管她一再强调："如果大家不往里走，我们谁也走不了！"

当然，乘客不响应的原因不仅仅来自她低沉、无力的话语，但是，谁又能肯定地说，这种结果与她的语调没有关系呢？

教师在教育教学工作中，提高语言效率的一个方法，就是让自己的语调充满热情，使学生或他人乐于接受和积极响应。

讲话时，将自己的语调有意识地向上扬，往往会给他人带来热情的感觉，也会暗示对方热情起来。

在一次为幼儿教师举行的"礼仪培训"中，我为现场教师的热情参与所感染。

在培训课程的一个互动环节中，我微笑地看着大家问道："请一位教师上台来，帮助我完成一个游戏好吗？"话音未落，就听到很多教师一边热情地应答着："好！"一边快步来到讲台前。

当讲台上已经来了三位教师时，还有几位教师匆匆忙忙地走过来。

此时，我也热情地大声说道："今天，我从大家的应答中听到了幼儿教师的热情，也从大家的行动中看到了幼儿教师的热情……"

培训在快乐的交流中，在阵阵的笑声中进行着。

当与教师们共同完成了课程小结后，我宣布："下课了。"一位教师脱口而出："到点了吗？这么快呀！"可见，教师热情的语调会给课堂带来欢快的气氛，从而让学生觉得时间过得很快，产生学习是享受的美好感觉。

在与他人的交流中，我们要根据对象、事情、场合的不同合理地选择语调。

◆ 面对不同的对象

在与家长交流时，如果选择升调的方法会使对方心情比较好，也会得到对方更好的配合。指正学生的问题时，语调略微降低些会引起学生的重视。

◆ 面对不同的场合

在组织课堂秩序时，选择降调的方法要比选择升调效果好。在校园中，当与同事相遇时，一句声调略高的问候会使对方获得快乐。

◆ 面对不同的事情

在与家长的交谈中，当家长谈到不愉快的事情时，教师语调低沉些会使家长产生好感，因为这是理解家长的具体表达方式。在家长谈到孩子的变化与进步或谈到愉快的事情时，我们选择升调的方法进行应答，会使家长获得成就感。

34. 让声音圆润、柔和

2005 年的一天，我到一家银行做调研。接待我的领导说："客户反映我们的员工讲话很难听。"

我问道："能举个例子吗？"领导说："其实，员工说的每一句话都是文明用语，但是，客户就是不满意。"

面对领导的困惑与培训需求，我来到这家银行的一个营业网点，想亲耳听一听员工到底是怎样与客户讲话的。

刚走进门，一位员工迎了过来问道："您好！您办理什么业务？"

当听说我是来取现金时，他帮我取了号码，一边将号码递到我手中一边说："您稍等。"一会儿，我听到叫号机的呼唤："请66号客户到2号窗口办理业务。"66号客户就是我，于是，我拿着号码牌来到2号窗口。

2号柜台里坐着一位女员工，她看着我说道："您好！请坐。"

就在这一刻，我找到了客户评价员工说话难听的原因。很简单，是发声方法有问题。

发声方法有胸部发声法和腹部发声法，甚至有人通过肩部用力的方法发声。不同的人，在说话时经常使用不同的发声方法。在日常交往中，我们经常使用胸部发声法和肩部发声法讲话。对于教师，使用这两种发声方法，不但声音显得生硬，还容易使声带因过度疲劳而患上慢性咽炎。

在这些方法中，腹部发声法是比较科学的发声法。它能达到吐字清楚、声音柔和、说话省力的效果。

由于这家银行的员工使用的不是腹部发声法，所以，他们的声音使客户觉得很生硬，尽管他们选择了文明用语，却让客户感觉不到好的服务态度。

从那时起，根据社会需求，在语言沟通的培训中我增加了腹部发声法的训练内容。

礼仪专家建议

腹部发声法训练

要掌握腹部发声法，首先让我们从腹式呼吸法的训练开始。

◆ 保持上身直立。

◆ 再将自己一只手的手心放于腹部。

◆ 吸气并让腹部隆起，此时，可以用手确认腹部是否隆起。

◆ 之后，吐气并让腹部下凹，同时发出"啊——"的声音。

要注意的是，上半身要放松，腰部要用力，特别是注意喉咙和肩不要用力。这就是腹部发声法的训练过程。

养成科学的呼吸方法、科学的发声方法，需要我们多加训练。

上面提到的这家银行，在培训结束后，我通过回访了解到，客户反映员工讲话难听、态度不好的情况变少了。

银行要求对员工进行发声方法的训练有两个目的：一个是使客户乐于接受银行的服务，另一个是使客户乐于接受银行的产品。他们这种一切从客户利益出发的做事方法，是值得我们学习的。

作为教师，我们考虑学生的需求应该更多一些。现在，让我们从为学生带来圆润、柔和的声音做起。

35. 让语速适合他人的节奏

下面这篇短文，是礼仪教学及社会礼仪培训中，用来训练学生或学员语速标准的。

请用 60 秒钟朗读下列短文，让我们看看自己的语速是否恰当。

100 多年以前，维也纳的某个剧院里发生了一件很有意思的事情。当时的维也纳女士喜欢戴高顶帽子，喜欢到即使在观看演出时也不愿意摘掉，致使坐在后面的观众意见很大，因为高帽子挡住了他们的视线。很多观众找到院方反映情况，剧院负责人来到舞台上说道："请女士们将帽子脱下来，你们听到了吗？女士们，请你们将帽子脱下来！"他一遍又一遍地大声喊着，急得满头大汗，可女士们就是不理睬他，他感到很尴尬，很无奈。这时，他拍着自己的脑门想：是不是自己的语言表达有问题？略做思考后他又说道："好，就这样吧，年纪大的、身体不好的女士就不必脱帽了，现在请年轻女士脱帽！"

话音刚落，剧场中所有的女士都将帽子脱了下来。

在培训中，我还曾带领学员分别用 40 秒钟和 80 秒钟的时间朗读上文，并让大家讨论不同的语速对他人情绪的影响。

有学员说："当听到用 80 秒钟朗读这篇短文时，我觉得透不过气来，感觉憋得慌。"

还有学员说："当用 40 秒朗读这篇短文时，我觉得紧张，因为有跟不上节奏的感觉。还是用 60 秒钟朗读比较好，不但听得清楚，还能感觉很轻松。"

因此，在教学中，教师适中的语速能使学生的情绪轻松，而轻松的情绪有利于教学任务的完成。

在面对家长或是其他交流对象时，教师适中的语速还能给对方以比较有耐心的感觉。

在校内的各种活动中，如果教师在发言时能够有意识地控制自己的语速，不但能给听众留下有良好语言素养的印象，还能让大家乐于接受自己的想法和观点。

那么，为什么语速较快与较慢都会给他人带来不舒适的感觉呢？

学生和学员给了我们答案，因为我们在强迫对方改变自己的习惯和节奏，所以给他人带来不适。

的确，强迫别人做出改变是痛苦的过程。

人际沟通中的白金法则是：别人期望你怎样对待他，你就要在不违反原则、道德和法律的前提下尽量那样对待他。所以，人际沟通中成功的秘诀是，发现交往对象的需要，并将对方的需要通过一定的方式表现出来。

选择对方能够接受的语速，就是在考虑对方的需要。

掌握了适中的语速，我们还要做到灵活地运用。比如：在教学中，讲授难点时，将语速放慢些会比较好。面对年龄较大的家长时，要考虑到对方的理解能力和听力。当交流对象的心情比较好时，可以让自己的语速快一些。

▌36. 换个角度说话 ▌

陶行知在"育才学校"任教时，一次，在学校的走廊里看到一个男生在打另一个学生。陶老师马上上前制止，并告诉打人的学生，放学后到办公室来找他。

放学了，学生乖乖地来到陶行知的办公室。但是，办公室里空空的，陶行知没在房间里。

过了一会儿，随着开门的声响，陶行知急匆匆地走了进来。只见他一边让学生坐下，一边打开办公桌的抽屉，从抽屉里拿出一块水果糖。他面带微笑，将糖递到学生面前说："这块糖是奖给你的，因为你比老师守信用，老师迟到了。"

学生听到陶行知的话，有些不知所措，他下意识地接过这块糖。

陶行知看着学生继续说道："老师今天在走廊里批评了你，经过调查我现在知道了，你是因为打抱不平才打了那个同学，所以，我还要奖励你一块糖。"

听到老师对自己的表扬，看着老师递给自己的糖果，这名学生感到鼻子酸酸的，他情不自禁地哭了起来。

此时，陶行知站了起来，走到学生面前继续说道："你的眼泪告诉我，你已经认识到了自己的错误，这太好了。要知道，无论遇到什么问题，都是不能通过拳头来解决的，现在老师还要奖励你一块糖。"

学生放声大哭起来，陶行知用双手拍着学生的肩膀说："不要哭了，你看，老师的糖都发完了，你怎么还不走呀？"

陶行知没有用更多的语言，也没有用教训的口气，却使学生从内心认识到了自己的问题，并接受了老师的教导。

陶行知与学生谈话成功原因来自很多方面，其中比较重要的是老师理性地把握了谈话的角度。

首先，从肯定学生优点的角度引入话题，让学生从内心感受到老师对自己的尊重，巧妙地避免了学生的抵触情绪。

其次，从鼓励学生的角度出发，让学生自觉地反思自己的问题，最终达到学生乐于改正错误的目的。

肯定与鼓励是任何人都乐于接受的。所以，教师在与学生、家长、同事等人的交流中，经常想一想对方的感受、对方的需要，就能够使问题的解决更快、更容易。

在《成功之道全书》中，教育家卡耐基讲了一个这样的故事。

我在纽约一家饭店租用了一个很大的舞厅，每季度有二十个晚上在这里举办系列讲座。一天，饭店突然通知我，舞厅的租金要涨三倍。

得到这个消息的时候，讲座的入场券已经发出去了。

我不想付这笔租金，所以，我去拜见饭店的经理，想通过与他的交流降低自己的损失。

"收到你的通知，我有点吃惊。"我说道，"但是，我根本不怪你，如果我是你，我也可能发出类似的通知。你身为饭店的经理，有责任尽可能使收入增加。现在，我拿出一张纸来，把租金提高后你可能得到的利与弊列出来。"

然后，我取出一张纸，在中间画了一条线，一边写着"利"，另一边写着"弊"。

我在"利"一侧的下面写下，"舞厅空下来"。

接着我说："你把舞厅租给别人开会或搞活动可以得到好处，因为这比租给我当讲课场地的收入要高很多。"

"现在，我们来考虑弊的一面。事实上，因为我无法支付你所要求的租金，我只好被逼到别的地方去开这些课，你将一点儿收入也没有。"

"你还会面对另一个弊端。我开办的这些课程吸引了不少受过教育，而且多数是社会层次比较高的人。这对你是一个很好的宣传，不是吗？事实上，如果你花五千美元在报纸上登广告的话，也很难像这些课程一样能吸引这么多的人来到你的饭店。这对饭店来讲，不是价值很大吗，对不对？"

我一边说，一边将这一项写在"弊"的下面，然后把纸递给饭店的经理并说道："我希望你考虑可能得到的利和弊，然后告诉我你最后的决定。"

第二天一早，我收到一封信，饭店通知我租金只涨 50%，而不是300%。

我们看到，在这个案例中，卡耐基没有讲一句他自己的需求，而是站在对方的角度谈对方可能得到的利和弊，以及对方如何能得到所需要的利益。

如果卡耐基选择另一种做事方法，比如，他怒气冲冲地找到饭店经理指责对方："你这是什么意思？明明知道我的入场券已经发了出去，却要增加三倍租金，这也太无理了！"那么，一场争论就有可能发生，最终的结果也可能是，即使饭店经理在争论中感到自己失策了，他的自尊心也会使他很难做出让步。

▎37. 学会回避他人短处 ▎

讲究礼仪，其中一个重要方面是要维护他人的自尊心，所以，我们经常讲："人际交往中，要将是非曲直看轻些，要将人际关系看重些。"

任何人都期待他人能发现自己的优势和长处，并能得到他人的肯定。任何人也都希望自己的短处会被他人忽略或是不被他人发现，尤其担心他人当着众人评论自己的短处。

事实上，评论他人短处还会伤及自己的安全。

第二次世界大战期间，斯大林最器重两个人，一个是军事天才朱可夫，另一个是总参谋长华西里耶夫斯基。

但是斯大林"唯我独尊"，直接提出正确建议的朱可夫，被盛怒之下的斯大林赶出了大本营。

但是，华西里耶夫斯基的建议却能被斯大林接受并采用。他采取的方法就是潜移默化地影响斯大林。在斯大林休息时，他以聊天的方式，不经意地谈论军事问题，表达自己的观点。由于受到启发，斯大林往往会想出一个好的计划，并认为这是自己的智慧。

这样，华西里耶夫斯基不但让自己的想法得以实现，而且还保全了自己，继续做自己想做的事情。

回避他人短处，一般情况下要做到不看和不说，或是在必须说时，能够像华西里耶夫斯基那样，讲究说的方法。

当面对有生理缺陷的学生时，教师要做到不看，否则会让这名学生很难堪。

在课堂上，学生由于紧张或其他原因，没能对问题做出正确回答时，如果老师看着学生，会使学生更加紧张。

在与同事的交往中，不要评论对方的体貌特征、穿衣喜好、生活习惯等，不要好为人师。

下面的题目是第29届奥运会举行前，北京市中学生奥运礼仪大赛中的一道情景题，让我们一起思考这道题的答案是什么。

某日，当你来到一家餐厅时，发现有一位国外友人在就餐。

当看到服务生端上来的是饺子时，国外友人愣在那里，原来，他不知道饺子应该怎样吃。他环顾四周，想看看其他顾客是怎样吃饺子的。

不巧的是，他看到一位顾客在吃饺子时，不小心将饺子掉到了放着可乐的杯子里。之后，那位顾客又将饺子用筷子夹起来放到了嘴里。所以，他也如法炮制，吃了起来。

当看到这一幕时，你会怎么办？

我们先分享一下礼仪大赛现场的学生们的回答：

一名参赛选手的答案是："告诉国外友人'吃饺子时，还可以蘸醋'。"这个学生懂得指正他人时要选择比较委婉的方法。

另一名学生的答案是："点一份饺子，坐到国外友人对面，蘸着醋，吃给对方看。"看得出，这名学生心地很善良。

还有学生这样回答："我认为，假作没有看见，什么也不要做是最好的方法。"

最后一名学生的答案是正确的。此外，我们应该相信，国外友人是有学习能力的，他自己肯定能找到吃饺子的正确方法。

38. 灵活运用文明用语

与他人相见时，主动地问候："您好，见到您很高兴！"一句简单的问候语，可以使双方的距离拉近。

当他人向我们表示谢意时，我们回答："过奖了，这是我应该做的。"这种谦逊的应答，会使对方增进对我们的好感。

与他人分别时，亲切地说："请走好，希望今后能经常联系。"一个温馨的道别，会使对方能经常想起我们。

在求助他人时说："张老师，有件事情让我比较困惑，很想听一听您的建议。"或："小刘，麻烦你帮我一个忙好吗？"相信，不论是张老师，还是小刘，都会给予热情的帮助。

参与谈话时说："对不起！我能插一句话吗？"这样做，不但能表现出一个人良好的修养，还能使对方乐于接受。

这些简单的文明用语，在人际交往中的作用是非常重要的。

人际交往中，经常使用的文明用语有以下八类：

1. 问候用语

我们常用的问候用语有两种。一是标准式用语。比如："您好！""大家好！""同学们好！""张先生好！""齐主任好！"二是实效式用语。比如："早上好！""下午好！""晚安！"

2. 迎送用语

一是欢迎用语。常用的欢迎用语有："欢迎！""欢迎您的到来！""见到您很高兴！""恭候光临！"

与他人再次见面时，如果能表现出认识对方，会使其产生被重视的感觉，如"张先生，欢迎您"，"刘老师，我们又见面了"，"欢迎再次光临"等。

因为这种表达具有个性特征，效果肯定好。

二是送别用语。常用的送别用语有："再见！""慢走！""走好！""欢迎再来！""请多保重！"

3. 请托用语

一是标准式请托语。比如："请稍候。""请等一下好吗？"

二是求助式请托用语。比如："劳驾。""拜托。""打扰。""借光。""请多关照。"

请托用语能很好地将指令性语言转变为他人乐于接受的语言。比如："你是怎样想的？"这句话有很强的指令性，如果将其转变为："请说出你的想法。"这样会使对方乐于接受。

4. 致谢用语

在获得他人帮助、得到他人支持、赢得他人理解、感到他人善意、婉言谢绝他人、受到他人赞美时，都不要忘记答谢对方。

我们可以选择标准式致谢用语，就是在"谢谢"前边或后边加上人称代词或尊称。比如："金先生，谢谢！""谢谢郑小姐！""谢谢您！"

我们还可以选择加强式致谢用语。比如："多谢！""十分感谢！""万分感谢！""非常感谢！"

5. 应答用语

应答用语一般用于回应他人的召唤，或是在倾听时表示赞同他人以及自己很关注对方的话题。

我们常用的应答用语有肯定式应答用语。比如："是的。""听候您的吩咐！""我知道了。""好的。""我明白您的意思。""一定照办。"

我们还会用到谦恭式应答用语。比如："请不必客气。""这是我应该做的。""这是我的荣幸。""请多多指教。""过奖了。"

6. 赞赏用语

当发现他人的优点和长处时，将其说给对方听的做法是积极的行为。

赞赏用语有评价式赞赏用语。比如："太好了！""真不错！""很美！""非常出色！""十分漂亮！""您真有眼光！"

还可以使用认可式赞赏用语。如果家长或同事的见解是正确的，一定要给予认可。比如："还是您懂行。""您的观点非常正确。""真是您说的那样。""没错，没错。"

7. 祝贺用语

比如："祝您成功！""祝您心想事成！""祝您身体健康！""向您道喜！""祝新年好！"

8. 道歉用语

常用道歉用语如："抱歉！""对不起！""请原谅！""失敬了！""恕罪！""不好意思！""多多包涵！""真过意不去！"

在工作和生活中，恰当使用文明用语，不但能确立自身的良好形象，还能增进友谊，获得他人更多的支持。

机械地使用文明用语，很难使他人产生好的感觉。如果能做到灵活把握，将会产生很好的效果，甚至给对方带来惊喜。

比如：在道歉时，单纯的一句"不好意思"，很难使被冒犯的人平复心情。如果此时能够简单说明原因或是给对方以补偿，将会使对方感到我们是真诚的。

比如：在夸赞对方时，如果不是单纯地给出结论，而是有事实根据，将会使对方心花怒放。

这样使用文明用语之所以有效，是因为它们能很好地让对方感觉到，我们是发自内心的，是真诚的。

39. 将否定句巧妙地转为肯定句

赏识教育专家周弘老师是一位讲究交流技巧的人。

当他的女儿做了十道数学题却只对了两道时，周老师对女儿说："你真棒，这么难的题你对了两道，真是了不起！"

周老师的赏识与肯定伴随着女儿一天天的长大。在女儿的脑海中，没有克服不了的困难，没有闯不过去的难关，所以，她成长得很顺利。

确实，使一个人发挥最大潜力的好方法是让其得到肯定和鼓励。美国哲学家约翰·杜威曾说，人类天性中最深切的冲力是"做个重要人物的欲望"。心理学家弗洛伊德也曾说："我们做任何事，都是出自两种欲望，其中一种是'做伟人的欲望'。"

任何人都希望自己是不平凡的，都希望自己能行，都希望能引起他人的重视。但是，有一类语言会使一个人"希望自己不平凡，希望自己能行，希望引起他人重视"的愿望化为泡影，那就是他人无数次的否定。

无数次的被他人否定，会使一个人失去自信。

比如："你怎么这么笨呀？"这种否定容易使学生认为自己就是笨。

比如：当学生在黑板上完成课堂练习后，教师评价道："你写错了！"这种否定容易给学生带来紧张情绪。

更严重的是，当老师评价学生"你怎么这么笨呀？""你写错了！"时，学生往往不明白怎样做是不笨的，怎样做是正确的。

其实，只要我们稍加思考，就能很好地将这些否定句转变为肯定句。比如，将"你写错了"转变为"这样写……是正确的"，就可以了。

将否定句转变为肯定句，至少能给师生间的交流带来三个好处。

◆ 经常得到教师的肯定，对学生自信心的建立是有益的。

◆ 能使学生保持愉快的心情。

◆ 学生能比较快捷地清楚正确的做法是什么。

在与家长或同事交流时，也应尽量用肯定句式。

比如：开家长会时，家长拿错了资料，我们可以提醒家长，"请您拿这一份"，而不需要否定对方，"你拿错了"。

比如：与同事交流时，通过对方的应答，我们发现对方的理解是错误的，此时，只要告诉对方正确的答案是什么就可以，不必否定对方说"你理解错了"。

所有的否定句都可以这样发生转化，而且很容易。下面让我们做一做练习，请将下列否定句转变为肯定句。

你走错方向了！

谁让你进来的？！

你这头发哪儿像是学生！

别说话了！

你怎么坐着呢？！

▌40. 降低指令性语言的对抗性 ▌

一位妈妈递给三岁的女儿一个玩具火车，女儿接了过来。但是，她好像对玩火车没有兴趣，因此她将玩具火车扔在了地上。妈妈将地上的玩具火车捡起来，再一次递给女儿，这时，孩子跺着脚大哭起来。

孩子的哭声让妈妈感到她可能不想玩火车。妈妈四处打量着，寻找孩子可能喜欢的玩具。最后，她将目光停在了一个洋娃娃上。当妈妈拿着洋娃娃来到女儿面前时，孩子摇着脑袋，笑着接了过去。

看，这么小的孩子就已经有了选择的意识，就有了自己的事情要自己拿主意的想法。

我们期待学生能挖掘自己的潜力，圆满地完成学习或其他任务。所以，当我们给学生指令时，就要思考他是否乐于接受。

有时，学生和家长会碍于教师的权威，不得不接受指令。但这种被动接受一般会影响指令完成的效果。有时，同事会碍于面子，表面上接受指令，但心里会很不舒服地埋怨："让别人帮忙，态度还不好点，吆喝什么呀？真烦！"

怎样才能消除或是降低指令的对抗性呢？

我们建议，给指令性语言添加一些附加语，这样就能够降低或消除对抗情绪的产生。

比如，希望同事将办公室的门关上时，我们给出的指令如果是"关上门"，这种说话方式很容易让对方不愉快。我们可以尝试着换一种说法："劳驾，请把门关上，好吗？"

比如：请一位学生回答问题，学生回答得有些含混，通常我们会给出指令："再说一遍。"但我们同样可以尝试换一种说法："对不起！老师没有听清楚，再说一遍，好吗？"

通过上述两个例子我们发现，在指令性语言的前边增加道歉式的语言，结尾转为商量式的口气，就能降低指令性语言的对抗性。

不用担心商量的语气会导致对方执行力的降低。因为道歉式的附加语让对方感受到了友善的态度，商量的语气使对方消除了我们在命令他的想法，所以，一般情况下对方都会配合，会接受的。

▌41. 简单易行的接近他人的技巧 ▌

"同学们，大家好！我是咱们班的班主任张××老师。"这是一位班主任在向新生作自我介绍，她一边说一边转过身，将自己的名字写在黑板上。

当张老师转过身，发现一名女生在笑眯眯地向她点头时，她伸出右手指向这名学生说："如果老师没有猜错的话，你应该是王悦。"

"啊！您怎么知道我的名字？"王悦显得很兴奋。

"你的名字和你的性格一样，老师希望你天天快乐！"

听着班主任和王悦的对话，全班同学由拘谨变得轻松起来。还有几名学生在窃窃私语："这老师好厉害，都没见过面就知道大家的名字了。"

短短几分钟，张老师就让学生产生了亲近感，并在学生面前建立起了威信。

在学生意想不到的情况下叫出学生的名字，是教师接近学生的好方法。

1. 记住对方的名字，并在相遇时叫出来，是接近他人的好方法

美国的吉姆·法里是一个很有才华的人。他的才华不但使他摆脱了贫困，还使他走上了仕途之路，并取得了成功。

他对见到的人能做到过目不忘，并且有叫出对方名字的好习惯。

一次，有人问他："法里，你大概能记住一万个人的名字吧？"他摇着头说道："不，我能记住五万个人的名字。"

法里的好习惯使他拥有了很好的人际关系，大家敬重他，支持他。他在从来没有进过任何一所学校学习的前提下，被四所学院授予了荣誉学位，后来他还成为美国民主党全国委员会的主席以及美国邮政总局的局长。

法里在很小的时候就发现，人们将自己的名字看得惊人的重要。他认识到，名字只属于和自己交往的这个人，没有任何人能够代替。名字使一

个人独具个性，使一个人出众。记住一个人的名字，并在与其相遇时叫出来，是送给他人的最甜美、最重要的声音。法里的这种发现，使他赢得了成功。

2. 主动开口问候对方是接近他人的好方法

接近他人，最简单的方法是主动问候对方，如"您好！"一个问候可以使素不相识的人走到一起。"见到您很高兴！"一句满怀情感的话语能使对方消除戒备。

早晨到学校上班时，向遇到的同事、领导问候一声："早上好！"大家互相之间会心的笑容，会使大家都有一个好心情。

在拥挤的公交车上，如果在下车时问候一声："对不起，您下车吗？"对方听到后会主动地为我们让路。

这一既简单又重要的接近他人的技巧，是我们每个人都能做到的。

3. 贺卡、信件、短信等也是接近对方的好方法

有一位在某研究所工作的学者，在心理学年会会刊上看到一篇关于少年自我发展的文章，进而产生了与文章的作者进行交流的愿望。他通过刊物上作者的通讯地址寄去了一封信。从此，远在吉林的作者与北京的这位学者，开始了长达两年的书信、电子邮件的交往。

两年后他们终于有机会见面了。但有趣的是，当他们按照预定的见面时间在火车站见面时，虽然近在咫尺，他们却谁也认不出谁来。

原来，在长期的来往中，吉林的作者一直将北京的这位学者误认为是一位女士，却万万没有想到对方是一位男士。

历史上有许多人是通过书信相识相知的，他们由陌生到相互支持、相互帮助。这种良好的交往途径，可以使人们之间的相识由不可能变为可能。尤其是现今网络的高速发展，给我们提供了很多方便。

4. 了解他人的喜好及生活习惯，是打动对方内心的好方法

张老师在接待家长时有她的独到之处。比如：一次，张老师组织全班进行期中考试总结，凡是总成绩和单科成绩有进步的学生，都会获得奖状。班里的一个问题生通过努力，取得了比较好的单科成绩，也获得了奖状。

可是，张老师将这名学生的奖状"扣"了下来，她要将奖状亲自交给学生的家长。

家长如约而至，张老师看着家长说道："我记得上一次我们见面时，您说您的胃不太好，我就不给您沏茶了，您喝点白开水，好吧？"

一个小小的细节，一句简单的话语，让这位家长备感温暖。

我们都曾在过生日时，收到学生、同事、亲人的祝愿。这些祝愿让我们感受到了温暖与幸福，同时，也与对方建立起融洽的关系。

42. 拒绝他人的三个技巧

在生活与工作中总会有一些让我们感到很难过，或使我们的自尊心受到伤害的事情。这样的事情可能来自很多方面，比如在遭到他人生硬的拒绝时，我们会感到难过。

当我们满怀期待地向他人提出一个建议时，如果得到的是生硬的拒绝，我们的情绪会受到很大影响，甚至会产生怨恨对方的心理。

任何人都有因为力不从心或是权限太小，而不得不拒绝他人的时候。在拒绝他人时，我们要做的是，寻找比较科学的拒绝他人的方法。

我们首先来看一段对话，之后，通过总结找到拒绝他人的好方法。

甲：最近天气很好，明天我们去逛街好不好？

乙：这个建议不错，我很长时间没有去逛街了！

甲：那太好啦！

乙：不凑巧的是，明天我已经有了安排。

（甲皱着眉头，没有应答，一副很失望的样子）

乙：明天去不了没有关系，你看我们这样安排可以吗？下周你哪天方便，我们一起去。

甲：也好，那就定在下周吧。

在上面的对话中，乙用比较委婉的方式拒绝了甲的邀请，他选择的拒绝方法有以下三种。

第一，说明拒绝的原因，取得对方的理解。

乙并不是很生硬地回答："不行"、"我没有时间"，而是用"已经有了安排"的原因拒绝甲，使甲在情感上不至于受到伤害。

拒绝对方总是有原因的，可以将拒绝的原因讲述给对方听，这样能比较好地取得他人的谅解。

第二，先肯定，后拒绝。

乙在拒绝甲前，首先肯定甲提出了一个自己很喜欢的建议，甲得到对方认同后会获得好的心情。此时，再拒绝甲，会使甲的负面情绪降低些。

卡耐基在《成功之道》一书中写道："当给一个人吃一颗药之前，要先给他吃一颗糖。这样做，对方对苦的感觉会降低。"

第三，提出建议，表达真诚。

乙的拒绝是负责任的、真诚的。在自己无法接受甲的邀请时，他并没有选择单纯的拒绝，而是提出了"下周你哪天方便，我们一起去"的建议，这样就能很好地避免使甲有受挫感。

在人际交往中，我们都会遇到一些不便直接表态的难题。除了以上三种拒绝他人的方法外，我们还可以选择转移和回避的方法来巧妙拒绝对方。

在一次记者招待会上，一位西方记者问周恩来总理："周总理，请问贵国国库有多大实力？"

周总理想了想说道："这个问题提得好，我们的国库中一共有 18 块 8 毛 8 的实力。"

听到周总理的回答，在场的所有记者都大眼瞪小眼，他们不明白周总理这是什么意思。通过解释记者们明白了，周总理的意思是：当时人民币的面值，以元为单位的相加正好是 18 元，以角为单位的相加是 8 毛，以分为单位的相加是 8 分。

当对方提出很棘手的问题时，可以采用这样避实就虚、答非所问的方式。这样既能维护自己的利益，也能让对方接受。

▌43. 说服他人的三个技巧 ▌

不论是与家长交谈，还是与学生交谈，其目的都是为了达成共识。当对方不接受自己的主张时，应该采取积极的方法说服对方。

1937 年的冬天，老舍曾在冯玉祥将军住所的一层写作。当时天气很冷，住在楼上的冯将军的二女儿经常跺脚，以使自己暖和一些。每当这时，老舍的思路就会被打断。

在大家一起吃晚饭时，老舍笑着对二小姐说："你的舞肯定跳得很好，是刚从德国学来的新滑稽舞吧？"

大家笑了起来，二小姐更是笑得前仰后合。笑过之后，二小姐突然意识到，老舍先生每天要写作，自己蹦蹦跳跳的肯定会影响他。她因此悟出了老舍这番话的意思。

从此，二小姐不但不在楼上跺脚了，连走路也轻手轻脚的。

老舍用这种诙谐的语言来提醒、劝告二小姐，使她本人很自然地接受了意见，并真心地去改正。

如果老舍换一种处理方法，直截了当地当着大家说："你在楼上总是蹦蹦跳跳的，经常打断我的思路，今后不要再这样了。"这种批评当然能制止二小姐的行为，但是会让冯将军很难堪，也使二小姐下不来台。

现在，比较苦的药片都做成了糖衣片，"良药苦口利于病，忠言逆耳利于行"的确是至理名言，但是，我们为什么不选择让他人心里比较舒服，又乐于接受我们的建议的方法呢？为什么非要将对方斥责得体无完肤，丢尽面子呢？

要说服他人，让对方心悦诚服地接受我们的建议，有三个基本的技巧。

第一，说服他人必须语言委婉。

一名学生在上语文课时总是小声说话，影响了课堂纪律。

任课教师利用课堂提问，请这名学生回答问题，学生的回答是正确的。

老师评价道："你聪明，学习基础很好。"学生听后很开心。

老师继续说道："如果你上课能认真听讲，将会学得更好，我相信你。"

学生伸了伸舌头，有点难为情地说："知道了。"果然，上课时他不再随便讲话了。

教师经常采用这种技巧，可以让学生意识到自己的不足，真心改过，从而顺利成长。

第二，以数据、事实说服他人。

每个学期的家长会，班主任都会向家长汇报学生的学习、思想等各方面的情况。任何一位家长都是从孩子上小学起就参加家长会，时间久了，参加的次数多了，家长也变得懈怠起来。所以，我们发现，家长会开与不开，学生的变化似乎不太大。

但是，如果班主任对家长会的准备比较充分，选择的方法也比较恰当，家长会结束后，学生就能够有所进步。比如：有的班主任会征求任课教师对学生的评价，并将这种评价以案例的方式进行总结，避免介绍学生的进步时只停留在结论层面。这样，当班主任与家长交流时，不但会使家长清楚地了解自己的孩子到底是怎样进步的，同时，还能使家长受到鼓舞。

职业学校的家长会，还经常组织学生向家长展示技能。家长欣慰地看着自己的孩子制作咖啡、表演插花等，这与传统的只是宣布学生的考试成绩相比，效果肯定更积极，也更有促进作用。

第三，通过对比，说服他人。

在礼仪教学中，我们曾通过情景演练，组织学生或学员说服一位"只喝白开水，不喝茶水"的人接受茶水，并建议学生采用通过对比来说服他人的方式。

现在，我们用表格的形式完成茶水与白开水的组成及功效的对比。

		水	茶多酚	维生素	碱类（茶碱等）
茶水	组成	水	茶多酚	维生素	碱类（茶碱等）
	功效	解渴等	杀菌、抗肿瘤等	美容、提高人体免疫力等	醒脑提神等
白开水	组成	水	无	无	无
	功效	解渴等	无	无	无

通过对比的方法，可以使拒绝茶水的人感到自己的思路和做法有偏差，从而改变观点，接受了茶水。这种方法能使他人在对比中权衡利弊，最后放弃自己原先的观点，改变自己的行为。

在运用说服的技巧时，要注意了解对方的感受，设身处地为对方着想，这样才容易打动对方。另外，说服他人时语言要明确，神情要平和，语气要和蔼，要善于开导和启发，要讲究方式方法。

44. 夸赞他人的三个技巧

有一个很有趣的笑话，讲的是一位厨师给顾客制作的烤鸭，永远只有一条腿。

领导多次与这位厨师谈话，厨师却没有任何改变，他总是理直气壮地讲："鸭子就是只有一条腿。"一天，领导请这位厨师到养鸭场去参观，他要用事实告诉厨师，鸭子有两条腿。

到了养鸭场，还没有等领导开口，厨师就指着鸭群说："你看，你看！我没有说错吧，这些鸭子就是只有一条腿。"原来那些鸭子单腿独立，很惬意地在休息。

领导听后笑了，他没有反驳厨师，而是举起双手，用力鼓起掌来。只见那些单腿站立的鸭子扑打着翅膀，纷纷跑了起来。

领导得意地说："你还有什么可说的？鸭子就是有两条腿。"

厨师不示弱，大声反问道："你没有鼓掌时，鸭子是几条腿？"

听到厨师的话，领导突然明白了厨师的内心期待：自己每天工作很辛苦，希望得到领导的赞扬和掌声。

确实，使一个人发挥最大能力的好方法是赞扬和鼓励。赞扬是日常交往中能够调节心理、改善人际关系、促进合作的重要交际手段。

社会中的每一个人都得到过赞扬，也经常赞扬过别人，但是，不是所有的人都能掌握赞扬的基本要领，把握赞扬的基本技巧。我们可以从以下三个方面来学习赞扬的要领和技巧。

第一，赞扬他人要实事求是，不要偏离事实。

实事求是指的是不浮夸，不吹捧。像当前经常听到的"最著名的歌唱家"、"最受欢迎的明星"、"伟大的历史性贡献"、"资深专家"等浮夸言辞，是赞扬所忌讳的。夸大事实，肉麻吹捧，这不仅让被夸赞者感到难堪，而且也会让其他人听了不以为然。

第二，赞扬他人要发自内心。

真诚的赞扬，应该是发自内心的欣赏和喜欢，因此要满腔热情地夸赞对方，发自内心地夸赞对方。那种虚伪应付、冷淡敷衍，甚至吹吹拍拍、以夸谋私等都是应该避免的。只有真诚地赞美他人，才能发挥赞扬在人际交往中的积极作用。

小王刚刚调到一家新的单位，她对新单位非常陌生。让小王高兴的是，她得到了快言快语的小白的热情欢迎："我非常喜欢你，看来我们俩很有缘分。"这些话让小王感觉心里热乎乎的，从此，她将小白当作自己的知己。

随着时间的推移，小王发现小白经常将类似的话说给别人听。

这使小王对小白的话发生了怀疑："小白真的喜欢我吗？她真的觉得我们俩有缘分吗？她到底能非常喜欢多少人呢？"

第三，赞扬他人要因人而异。

赞扬他人要因人而异，是指针对不同的对象，选择不同的内容和口气。比如：对有经验的老教师，由于他们德高望重，所以要用尊重的口气。对年轻教师，语气上可稍带些夸张。对有疑虑心理的人，要尽量将话讲得明确具体些。对思维敏捷的人则要直截了当。

从夸赞的内容上讲，如果面对的是女教师，要知道女士喜欢他人夸赞自己年轻、漂亮、气质好。如果面对的是男教师，要知道男教师会将风趣、幽默作为自己有魅力的重要表现。老人则乐于听到赞美自己经验很丰富等方面的内容。

但是，由于每个人的追求不同、爱好不同、兴趣不同，赞扬时也要区别对待，因人而异。比如：同样是老教师，有的喜欢他人赞扬自己年富力强，有的喜欢他人赞扬自己德高望重。如果能了解不同人的不同心理需求，说出对方心里想听到的内容，势必会收到好的效果。

TWO

与学生有效沟通 〉〉〉

少成若天性，习惯如自然。

——孔子

▍45. 做"为人师表"的教师 ▍

影视演员李媛媛在 20 世纪 90 年代初期主演了电视剧《红蜻蜓》，她在剧中塑造的教师形象给我们留下了深刻的印象。但是，教师们在观看之后却提出了质疑。影片中有一个情节是，在校园里，杜老师用力撕开信封，并将撕下的部分狠狠地扔在地上。

教师们针对这个情节评价道："不论自己处于什么样的情绪，作为教师，都不应该做出这种举动，教师要为人师表。"这种评价说明了"为人师表"在教师们心中的重要地位。

近几年，在企事业单位，负责人力资源工作的领导们经常说："在面试中，一些毕业生在一试就被淘汰了，淘汰的原因是他们的外表形象不符合企业的要求。"有的负责人还说："一试没有通过的人中，有 80% 左右的毕业生是着装出了问题。"

用人单位认为，一名穿着T恤衫和露脚趾凉鞋的应聘者，是没有场合意识、不懂得尊重的人；穿着过于暴露的应聘者是个人意识很强、团队精神较差的人。

当然，毕业生还会因为言谈举止等方面的原因，给考官留下比较差的印象。

每当听到用人单位这样评价毕业生时，我们都会恳切地解释道："目前，多数学校是不开设礼仪课的，他们的行为是可以原谅的。"我们期待通过这种说服，让企业忽略或将学生的这些问题看得轻一些。

可是，企业有自己的标准，他们的回答是："不论学校是否开这门课，我们认为，这些知识和规矩，在他们走出校门前就应该'习得'。"

在这种严峻的事实面前，我们感到，教师为人师表的作用显得尤为重要。因为教师对学生的影响是深刻的，是潜移默化的，学生会有意无意地模仿教师的行为和做法。

比如，我们经常发现，一位班主任在带班一段时间后，学生的身上就有了这位教师的影子。

我们是否做到为人师表，还取决于家长的评价。

在学校的走廊里，一位家长在东张西望，路过的一位教师主动走过去问道："您好，请问您找哪一位？"

家长回答道："我来开家长会，在找孩子他们班的教室。"

教师询问了其孩子的所在班级，告诉了家长教室的位置，家长愉快地连连道谢。

在与社会各界人士的交往中，在交往对象不清楚我们的身份时，教师的为人师表更是受到是否有自觉意识的考验。

乘公交车时，自觉排队也是为人师表的表现。

观看演出或是赴宴时，选一套礼服穿在身上，以体现自己对这种场合的正确认识。

接受礼物时，热情地答谢送礼者，或是在收到礼物后回复一个温馨的短信。这样做不但会给他人带来快乐，也能使自己给他人留下知书达理的好形象。

教师为人师表，在学校里能影响学生的发展，能使学生在掌握知识的同时，掌握与人打交道的规则和方法，使学生得到全面的发展。

教师为人师表，在社会上能为建设一个文明、和谐的国家添砖加瓦。

教师的为人师表是一件大事，同时也是一件小事。是大事，因为它直接关系到学生的发展和社会的文明。是小事，因为它需要全体教师从小事做起，从细节做起。

46. 适度原则的把握

一次，我去听一位教师的化学课。

来到听课的班级时发现，学生刚下体育课，他们正在利用课间十分钟时间换衣服。

学生们汗流浃背，嬉笑打闹，直到上课铃声响起，任课教师来到教室，还有很多学生的衣服没有换好。

任课教师站在教室门口，环视着热热闹闹的场面。我看得出，教师试图通过这种环视引起学生们的注意。但是，这种环视并没有奏效，学生们继续一边嬉笑打闹，一边换衣服。

任课教师表情平静地来到讲台前，将教科书及实验仪器放在讲台上，之后抬起头看着学生们。

很奇怪，那天，学生们像是没有发现已经上课，像是没有发现教师已经来到教室，他们还是继续着自己想做的事情。

我在教室后边坐着，心里很着急。

但是，我却丝毫看不出任课教师的情绪受到学生的影响。只见她将双手背在身后，来到学生面前。她一步一步地走着，用目光环视着学生，但没有说一句话。

任课教师走着，看着，学生们慢慢地安静了下来。

这时，只听任课教师说道："上课！"

化学课在教师与学生的相互问候中开始了。这节课进行得很顺利，课堂上再也没有出现课前那种乱哄哄的现象。

下课了，我没有离开教室，我想问问学生，让他们安静下来的原因是什么。

学生们告诉我："看到老师背着手，表情严肃地走来走去，不知道老师要干什么，所以有点紧张，就不敢打闹、说话了。"

显然，这位教师很有课堂管理经验。从礼仪文化的角度来看，她通过恰当地把握自己的表情以及走动的过程，巧妙地提醒学生："现在是上化学课的时间，大家应该安静了。"这比大声提醒学生"打上课铃了，不要说话了"更为有效。

化学教师与学生交流能够成功，是因为教师把握了学生的心理，找到了恰当的方法。

我们经常将教师的这种成功看作人际交往中"度"的成功把握。

教师在与学生的交流中，"度"的把握是无处不在的。

比如，在课堂上，要称呼学生的姓名，不能呼呼小名，不论与学生的关系多么好，都应如此。

比如，教师对学生说："今天放学后，我希望你能留下来，老师有事情和你商量。"

比如，在课堂上教师说："请××同学来回答这个问题。"同时，教师还会用手掌指向学生，而不用食指。

比如，当发现学生上课不注意听讲，在桌子下面做小动作时，教师会一边讲课，一边轻轻走到学生的身旁。用这种方式提醒学生要认真听课。

教师就是在这样的细节中，完成教书育人的使命，并向学生展示着为人处世之道，同时，展现自己的礼仪修养。

教育教学的成功，应该基于对各个方面的适度把握。

适度，是礼仪文化的一个重要原则。适度，要求我们面对不同的人、不同的事以及不同的场合，要灵活实践礼仪，要找到适宜的方式与方法。在教育教学中，在人际交往中，做得不到位与做得过火都会令人反感。

47. "新衣服"与提前到课堂

我在大学四年级时，一次，教育心理学课程的教授提了这样一个问题："如果你做了教师，某天你穿了一件新衣服，上午第三节是你的课，在上课前你会做些什么？"

教授让我们讨论并回答这个问题。最后，教授语重心长地叮嘱我们："希望大家能提前来到上课的班级，让学生在课间适应你的新形象。这样做能够避免学生在上课时出现浮躁情绪，以保证课堂教学的正常进行。"

教授设计的问题讨论是在教导我们，作为教师，教育教学要从细微处做起。即使是穿了一件新衣服，也要考虑到这会对教学产生什么不良影响。

我们发现很多教师有良好的个人习惯。比如，在上班的前一天夜里，就将第二天上班时要穿的衣服、要带的用品准备好。第二天一早，他们能从容地去上班，同时也有了一份好心情。

一位在北京某所高中任教的女教师，不论是完成校内教学，还是参加校外的教研活动，都会穿正装。当问起她为什么要这样做时，她说："学校要求教师这样做，我自己也觉得教师应该这样做。"

一次，我看到一位教师上课时带着两个 U 盘，就问他为什么。

他回答道："带一个 U 盘去上课我不太放心，万一电脑不识别 U 盘，就没有办法了。"

的确，在听课时，我们曾看到有教师因为电脑不识别 U 盘，而在上课时不得不放弃使用。

在学生面前这样做，实际上表明了自己的教学准备不足，而且还会让学生认为，教师这样做也不用承担任何责任。

因此，课堂上教师的认真细致，教师的一丝不苟，体现着教师对教育、对学生的重视与尊重，学生也会因此而学会重视学习，尊重教师和知识。

在校园里，学生不小心将手套掉落在地上。教师发现后一边呼唤着这名学生，"那位同学，你的手套掉了"，一边将手套捡起来递到学生手中。

教师的呼唤、教师捡拾与递送手套的动作，尽管都很平常，都是小事情，但是，却让学生体会到了教师对自己的关注。我们相信，学生的头脑中也会产生"关心和帮助他人是一种美德"的意识。

48. 热情地回答学生的问候

在校园的一天中，学生对教师的问候有无数次。

学生完成对教师的问候很容易，但是，学生问候的质量如何？学生是否乐于问候教师？学生是否通过对教师的问候有所收获？学生能否在毕业后，走向社会时给他人带来恰当的问候？这些问题是需要我们思考的。

问候往往是在接触他人的最初阶段，打开他人心扉，使对方接受自己的必不可少的方式。所以，我们要在学生问候时，通过自己的回答让学生心情愉悦，还要使学生掌握正确的问候他人的方法。

1. 上课前的问候

上课前的问候最能体现教师的郑重其事与热情，因此，要注意以下三个方面。

◆ 教师的问候语

我们经常用的问候语是"同学们好"，对于这样的问候，工作了几十年的教师已经进行了无数次，学生们也听了无数次，这不但让我们已经有些麻木了，也会使学生感觉这只是一种程序。

我们可以尝试着做一些变化。比如：选择带有时效性的问候，"同学们，早上好"、"同学们，下午好"等，为学生带来新鲜与生动的感受。

教师还可以根据学生的精神状态，在上课时选择带有鼓励性质的问候。比如："大家起立时非常整齐，相信问候时也会做得非常好，让我们互相问候一下，同学们好！"

目前，部分学校会在早上、中午以及放学后，安排学生值周。值周学生的任务是在学校大门口或是学校的各个楼层，迎接或送别教师、客人和自己的同学。非常可喜的是，学生们的问候语非常丰富，包括标准式问候、时效式问候，还有的同学选择了用英语进行问候。这种问候，不但使问候与被问候的双方感觉心里暖暖的，还使校园生活变得生动并具有活力。

◆ 问候时的表情

问候学生时，语言适当地用升调，会使学生感到我们的热情。同样，带着笑容问候学生，也能使学生感到我们的精神状态很好。

当发现学生的表情不到位时，教师还要提醒学生："请大家像我这样面带微笑，好不好？"长期这样坚持下去，学生势必会养成好的习惯。

◆ 问候时的体态

目前，很多学校在课前问候时，选择了欠身问候的方式。在多种致意方式中，这是比较隆重的一种。所以，要做得到位，把握好细节。

教师要提醒学生，以髋关节为轴，让上身前倾，要看着老师的面部。

问候结束后，要提醒学生立正站好，待教师说"请坐"时再落座。

下课与学生道别时也要这样做。久而久之，学生会在教师的带领下，养成良好的问候习惯。

2. 课外的问候

我们要教育学生在走廊、操场等校内场所，遇到教师、家长和客人时，要主动问候对方。但是，有时候，不论是学生的问候，还是教师的回应，都显得比较匆忙。作为教师，我们可以这样来改善：

◆ 当学生问候时，要放慢脚步，同时，回应的语速也不要太快。

◆ 要面带微笑，凝视着学生的面部。

◆ 在比较狭窄的地方，如果有必要，要停下脚步。

当我们这样做时，学生会受到启发和影响，他们也会越做越好。

我们期待，每天师生间的问候，是师生学习礼仪、分享礼仪，师生共同成长的一个美好的过程。

49. 课堂即时点评与体态语言的应用

课堂即时点评考验着老师的专业水平及控场能力，关系着教学目标的达成。

从即时点评的方式来讲，一般有横向、纵向及差异化点评等。

从点评的内容来讲，可以根据教学目标，根据学生的闪光点，根据学生的不足等进行点评。让我们一起来分析点评的内容。

◆ 第一，根据教学目标进行点评。

一次，在礼仪的起始课"礼仪的定义是什么？"的教学中，我安排学生以"礼仪是什么？"为主题，通过绘画的方式进行回答。

最初，学生们大眼瞪小眼地看着我，我明白他们在想些什么，便说道："当提到礼仪是什么时，你觉得什么样的行为属于礼仪的表达呢？"

学生们七嘴八舌地回答道："鞠躬、微笑、双手递物……"

之后，我回答道："那就将这些头脑中的画面转移到纸上吧。"

学生们纷纷点头，开始行动起来。

很快，大家将完成的画举了起来，示意我已经完成了。接下来，我们开始分析画作的环节。

我安排学生讲述自己的画与礼仪的关系，结果发现，多数学生将分析的重点放在了外在行为方面。所以，我问道："大家的分析很生动，我想追问的是：当我们鞠躬或微笑时，看到这些行为的人会认为我们对他们是什么态度？"

学生们很快回答道："对方会认为我们很热情，很有礼貌，很尊重他们。"

经过这样的点评和引导，我们完成了教学目标。

根据教学目标进行点评，需要时刻牢记教学目标是什么。这样，才有可能引导学生通过课堂交流，一步步向目标迈进。

◆ 第二，根据学生的闪光点进行点评。

课堂上，学生经常给我们带来惊喜。

一次，我组织学生以"人体雕塑"（安排学生用自己的动作表达思想或对知识的理解等）的方式，以组为单位表达"什么是尊重"。

多数组是围绕一个中心，通过集体雕塑进行设计的。

可是，其中有一个组却是围绕多个中心，通过三个雕塑进行设计。这种设计非常好！很生动且饱满。

我询问道："这种设计很好！让我感到惊喜。那么，请讲一讲大家这样设计的原因是什么？"

学生开心地讲道："我们想表达，如果遇到一个摇着轮椅的人，很吃力地上一个斜坡时，首先要询问人家是否需要帮扶？如果人家点头就推一把，如果人家摇头就不要强加于人。"

听了学生的回答，我笑着评价道："使用分雕塑进行表达，首先，这是一种创新！第二，你们的雕塑很形象地表达了尊重他人的行为方式，大家要向你们组学习！"

此时，全班学生纷纷鼓掌。

根据学生闪光点进行点评，需要我们在课堂上有一双慧眼。

◆ 第三，根据学生的不足进行点评。

课堂教学中，不论是学生做错了，还是学生说错了，都很正常。

所以，面对学生不足进行评价的前提是：允许学生出错。这样，我们才能够做到心态是平和的，语言是温暖的，表情是和蔼的。

在发现了学生的不足时，建议大家使用"描述"的方式进行评价。

比如：我们询问学生："今天的天气是怎样的？"学生回答道："今天要多穿一些。"很明显，学生回答的不是天气问题。

那么，让我们使用描述的方法和学生进行对话吧。

我们可以笑着询问道："你刚才说到'今天要多穿些'，我想，多穿一定和天气有关，那么，今天的天气是怎样的呢？"

通过引导学生会回到应有的思考方向并给出正确的回答。

用描述的方法评价学生的不足，其步骤是：首先要重复学生的观点，之后才是引导学生产生正确的思考或是行为。

不论是基于教学目标的评价，还是根据学生闪光点的评价或是根据学生不足的评价都不可能由单一的有声语言来完成，还必须借助表情、手势、眼神等各种体态语言。

1. 表情在课堂中的应用

微笑的表情可以给学生带来愉快的感觉，教师在课堂上要恰当地使用它。比如：在课堂气氛比较沉闷时，教师有意识地微笑，可以使课堂气氛变得活跃起来。在与学生进行课堂对话时，如果教师面带微笑，可以使学生的心情放松下来。

严肃的表情往往用于对课堂气氛的控制。比如：当学生控制不住自己，随便讲话或不认真听课时。教师可以用严肃的表情看着学生，或是让课堂教学暂时停下来，一般情况下，这些方法是比较奏效的。

一堂课从始至终，如果教师的表情一直是严肃的，将会影响学生的学习兴趣与注意力。当然，教师在课堂上也没有必要始终保持微笑，但是，教师适宜的微笑是必要的。

2. 站立与行走在课堂中的应用

教师在讲台正中站立的时间是最多的。这个位置能使教师更好地与每一个学生进行交流，同时也是控制课堂的最佳位置。

有经验的教师会在与学生对话时走过去，让自己离学生的距离近一些。这种做法会让学生对老师产生亲近感。

有经验的教师还会选择上身略前倾的姿态与学生交流，这种站姿的变化可以给学生带来积极的感觉。

幼儿教师则经常选择下蹲的方式与孩子们交流。

3. 手势在课堂教学中的应用

用双手将作业本等物品递给学生，会使学生感受到教师对自己的重视。所以，在可以使用双手递物时，一定要用双手。

在战争时期，当司号员吹起了号角，指挥员会用掌心向下的手势，挥着手高声喊道："冲啊！"此时，所有的战士必须听从命令，从战壕中一跃而起，冲向战场。所以，这种手势是一种命令。

教师在情绪比较激动时，会用掌心向下的手势命令学生坐下，也就是在那一刻，教师的失态给学生留下了"气急败坏"的印象。

在课堂上，遇到让自己尴尬的问题学生或麻烦事情时，如果一时想不出什么好办法来解决问题，建议教师选择保持沉默。选择沉默等于给自己创造机会，一方面，沉默可以让我们静思，通过静思找到解决问题的方法；另一方面，沉默还可以使学生冷静下来，反思自己的问题。

如果学生能够接受教师通过轻轻地敲击桌面或是拍拍肩膀的方式，来提醒其注意听讲，教师也可以选择这种方法。使用这种方法的前提是，教师已经与学生建立了较好的师生关系。

4. 致意在课堂教学中的应用

教师在课堂上使用的致意方法大体有五种，分别是注目致意、点头致意、微笑致意、挥手致意、欠身致意。

在呼唤距离比较远的学生时，可以用挥手的方式示意对方。无论在校园里还是在课堂上，教师都要避免高声呼唤学生。

在肯定学生时，要一边用语言"对"、"没错"、"有道理"等肯定对方，同时还要轻轻地点头。这样做可以极大地鼓励学生，这是语言和体态语言综合运用的好方法。

在课堂上，教师的眼睛应该是炯炯有神的。这样的注目致意会使学生感觉到，教师乐于接受、帮助与关注学生。

50. 善用开放式提问方法

选择封闭式的提问方法与学生交流，学生的回答只能是"对"与"不对"，"是"与"不是"。比如：学生上学迟到了，我们问："起床晚了吧？"

这种提问方式无法使教师了解学生迟到的原因，以及学生的内心感受，学生的问题也无法得到彻底的解决。

出于帮助学生成长的需要，出于对学生情感的尊重，在与学生交流时，我们应争取更多地选用开放式的提问方法。比如：同样是学生上学迟到了，我们可以问："老师很想知道你迟到的原因是什么。"

面对这种提问，学生会告诉我们迟到的原因，教师也就能针对学生陈述的原因给出具体的建议，使问题能够得到比较彻底的解决。

现在，很多学校为学生安排了营养午餐。一位班主任发现，当班里的学生们吃午饭时，总是看不到一名女生的影子。

于是，他找到这名学生，问道："你没在学校吃午饭，是吧？"

学生回答："是。"

班主任又问："那你去校外吃的？"

学生回答："是。"

"学校给大家安排的午餐能保证食品安全和卫生，老师建议你还是在学校用午餐，你看好不好？"班主任耐心地说道。

学生无奈地看着班主任回答："那好吧。"

班主任用三个封闭式的提问完成了这次谈话。

几天过去了，这名学生却始终没有在校内吃午饭。

班主任再次找到学生问道："我想，你也许是遇到了什么困难，或是发生了什么事情，能将不在学校吃午餐的原因告诉老师吗？"

学生听到班主任的询问，低下头，半天没有说话。

班主任轻轻地拍了拍学生的肩膀，温和地说道："请你相信老师，将原因告诉我，我会尽力帮助你的。"

学生看着班主任，终于忍不住哭诉起来："我的父母都下岗了，家里还有奶奶和我们一起生活，我妈妈每天打两份工，可是，钱还是不够花。"

班主任马上意识到，这一段时间，她肯定一直没有吃午饭。

他问道："那你中午在饿着自己吗？中午去了哪里？"

学生回答："我不想让大家知道这件事，所以每天中午我都躲出去，没有吃午饭。"

学生的话让班主任心里很难过，之后，班主任想办法为学生解决了吃午饭的问题。

如果教师没有选择开放式提问的交谈方式，问题的原因就很难发现，也就无法真正地解决问题。

开放式的提问让学生觉得自己被接受、被了解，让学生感到教师的善解人意，这是礼仪文化所提倡的一种思想和做事方法。这就要求教师深入了解学生的内心世界，并采取适当的行动来满足学生的需要，使学生建立对教师的信任感，从而使教育教学管理更加有效。

在课堂教学中，开放式的提问方法还能够激发学生思考，使学生感受到成功的喜悦。

比如：数学教师问："同学们，怎样用一条直线将平行四边形分成面积相等的两部分？"

一名学生回答："只要画出它的任一条对角线就可以。"

另一名学生回答："可以作过平行四边形对边中点的直线，这样分成的两个四边形都是平行四边形且等底等高，所以它们的面积相等。"

还有一名学生回答："只要过两条对角线的交点，任意画一条直线就可以，因为平行四边形是中心对称图形，对角线的交点为平行四边形中心点。"

这种开放式的提问方式，可以鼓励学生开动脑筋，积极思考。

当然，在教师与学生的交流中，开放式提问与封闭式提问往往是交叉使用的。

┃51. 多竖起拇指┃

一位小学四年级的学生在作文中写道：

终于，在第六天后，我听到校长在广播里夸我："××同学在数学奥林匹克竞赛中获得了一等奖，她为我们学校争了光！"

我当时很高兴，回到家后，我把这个好消息告诉了爸爸、妈妈。爸爸说："功夫不负有心人啊！"

听了我的诉说，您是不是会为我竖起大拇指呢？

从这个学生的作文中我们看到，小学生渴望他人向他竖起大拇指，他认为这是对自己的美好夸赞。

2009年5月1日，上海世博会倒计时一周年之际，世博会志愿者招募活动全面启动。在东方明珠电视塔广场的招募点前，一项名为"为世博会竖起大拇指"的活动吸引了众多市民，每一位过路的人都可以挑选喜欢的颜色，把自己的大拇指印留在世博展板上。

我们看到，上海的志愿者用竖起拇指表达成功承办一流世博会的决心。

"小伙子，你真棒！"一位满头银发的志愿者阿姨，边说边向准备闯红灯的快递员竖起大拇指，小伙子收住匆忙的脚步，脸上现出了尴尬的笑容。

"小伙子，谢谢你支持我们的工作。我们是亚运城市志愿者，正在开展倡导文明出行的'大拇指'行动。"

"大拇指"行动是由广州团市委、亚组委志愿者部联合推出的，这是2010年亚运城市志愿服务的第一个示范项目。

广州的志愿者用竖起大拇指的方式，对市民的文明交通行为表示感谢和鼓励。

竖起拇指，在多数国家和地区用于表示"好"。这个手势的含义非常丰富，可以表示顺利、了不起、一切都好、平安、好运、伟大、我同意、我成功了、胜利了、准备好了、极好、一流、你做得对等等，大多表示积极的含义。

在校园里，不论是小学生还是大学生，都渴望看到教师向自己竖起大拇指。实际上，教师竖起拇指是对学生的肯定和赏识。

一位班主任讲述了自己通过肯定与赏识解决师生冲突的故事。

在开学初的一次地理课上，一个学生带了手机（带手机是校规所不允许的），而且，他的手机居然在课堂上响了起来。

当时，任课老师让他将手机上交，他不听。之后，在他勉强上交时，由于老师没接好，手机掉落在地上，学生立即指责老师摔坏了他的手机。

为了不影响上课，任课老师把他送到了我的办公室。

学生始终低着头，看上去有些局促不安。

我和蔼地对他说："你来办公室后一直低着头，这让老师感到你知道自己错了，对吧？你是个明白人，应该是个好学生啊！"

一句"应该是个好学生啊"，让学生紧张的心情放松下来，他的眼泪立刻掉了下来。

我又说道："个子这么高的大小伙子，抹眼泪可不太好啊！"

"老师我错了！"学生哽咽着说。

"你错在哪了？跟老师说一说。"

"我不该带手机来学校。"

我继续问道："还有别的吗？"

"我还不应该让老师赔手机。"

"你当时为什么那么做呀？"我希望学生能找到错误的原因。

"我是一时冲动。"

"你这么明白的学生怎么会犯这么低级的错误呢？谁都有犯错误的时候，你认识到了自己的错误，也找到了犯错误的原因，这种态度就是好学生的态度。我相信，对于这件事情的解决，你会表现出好学生的风范的！"

学生深深地向我鞠躬，低声说道："老师，谢谢您！"他的眼睛里含着泪花。

我站起来，拍拍他的肩膀，鼓励道："你自己处理这件事吧，我相信你！"

学生抹着眼泪离开了。后来，他果然很妥当地处理了这件事情。

面对这名学生，班主任努力去发现他身上的闪光点，并将发现的闪光点讲给学生听，比如，"你是个明白人，应该是个好学生啊"、"你认识到了自己的错误，也找到了犯错误的原因，这种态度就是好学生的态度"、"对于这件事情的解决，你会表现出好学生的风范的"，这样使学生的情绪由局促不安到变得比较放松，使学生由指责任课教师有问题到主动承认自己的错误，并最终由承认行为上有问题到认识到错误的原因。

在进行赏识教育时，首先要做到像这位班主任那样，有意识地去发现学生身上的优点，不论这名学生是我们认为的好学生，还是问题生。

礼仪专家建议

赏识教育的三个关键

◆ 及时。要把握赏识教育的时机，这样才能取得好的效果。

◆ 适度。赏识与肯定不要做得过火，要恰到好处。

◆ 因人而异。面对不同的学生要选择不同的赏识内容，对学生给予不同的鼓励和表扬。

52. 不伸出食指

伸出食指在不同的国家代表着不同的含义。比如：伸出弯曲的食指是英国、美国人常用的手势，它表示招呼某人过来。

同样是这个手势，在中国表示数字"9"；在缅甸表示数字"5"；在斯里兰卡表示"一半"；在墨西哥表示"钱"或"询问价格"；在日本表示"小偷"或"偷窃行为"；在韩国表示"有错"、"度量小"；在印度尼西亚表示"心肠坏"；在泰国、马来西亚，表示"死亡"。在新加坡，伸出弯曲的食指，还表示"被击倒"（拳击比赛中）。

在人与人的交往中，伸出食指指向他人，则表示强烈不满、批评，甚至是斥责对方。

儿时，我们或多或少都体验过这种感觉。父母在生气时，会用食指指着我们说："你气死我得了，你什么时候能让我不再这么操心啊！"面对父母的这种指责，我们曾经那么恐惧、懊悔、无奈。

在与学生的交往中，教师有时也会习惯性地用食指指向学生。比如：在请学生起立回答问题时，在对学生的表现不满意时等。当学生在课上不遵守纪律时，教师还会用这种手势来批评学生。

教师不论是有意识，还是无意识地给出这种手势，都是不尊重学生的表现。

某大学师范专业的一位大四学生，在毕业实习时遇到了这样一件事。

在学生上早自习时，他发现一名学生在打瞌睡。通过与学生交谈他了解到，因为学生违反了纪律，在前一天晚上他被老师批评了一个多小时。这名学生很认真地问这位实习的大学生："难道老师就可以用那样恶劣的态度对待我吗？他用食指点着我的脑门说我吃人饭不干人事。我太难过了，整个晚上我都睡不着。"

教师管理教育学生是天经地义的事情。可是，我们有时会在教育管理中情绪化，而这种情绪化又导致我们选择了不恰当的教育管理方法，不恰当的方法不但会伤及学生的自尊心，还会影响学生问题的解决。

在教育管理中，对事不对人是解决问题的一个重要原则。比如：我们可以用手轻轻拍着学生的肩说"老师建议你上一下闹钟的铃，这样，你就不会迟到了"。

我们要杜绝伸出食指批评学生的行为，还要杜绝在指人、指物时伸出食指。

比如：在课堂上请学生回答问题时，要用手掌指向学生，而不要用食指指向学生。

比如：在指示方向、请家长落座时，要用手掌示意对方。

尊重是礼仪文化的核心内容，尊重并确认学生的利益是我们必须要坚持的原则。

"不伸出食指"是尊重并确认学生利益的一种承诺。

"对事不对人"是教师解决问题的一种修养。

追求教育的质量是教师的最终目的。

53.好教师的12种素质与教师礼仪

美国著名教育家保罗·韦地博士花了40年时间，收集了9万名学生的信件，信件的内容是学生喜欢怎样的教师。保罗·韦地博士从信中概括出了好教师的12种素质。让我们来分享这12种素质和这些信件中学生对好教师的评价。

1.友善的态度。"他的课堂犹如一个大家庭，我再也不怕上学了。"

2.尊重课堂内的每一个人。"老师应对我们有礼貌。我们也是人。"

3.耐心。"他绝对不会放弃，直到你能做到为止。"

4.兴趣广泛。"她带给我们课堂以外的观点，并帮助我们把所学到的知识用于生活。"

5.良好的仪表。"我立刻就喜欢他了，他的语调与笑容使我很舒畅。他衣着整洁，事事都安排得有条不紊。""她长得并不漂亮，但她尽力使自己显得自然。"

6.公正。"老师，只要您保持公正，您对我尽量严格。我表面上即使反对严格，但是我知道我需要您严格。"

7.幽默感。"他讲课生动风趣，幽默活泼，听他的课简直是一种享受。"

8.良好的品性。"我相信她与其他人一样会发脾气，不过我从未见过。"

9.对个人的关注。"他会帮助我去认识自己，我的进步有赖于他。"

10.伸缩有度。"当他发现自己有错，他会说出来，并会尝试其他方法。"

11.宽容。"她装作不知道我的愚蠢，将来也是这样。"

12.有方法。"忽然间，我能顺利念完我的课本，我竟然没有察觉这是因为她的指导。"

在保罗·韦地列出的好教师的 12 种素质中，绝大多数与教师的礼仪素养相关。

第一，是教师"友善的态度"。

友善的态度来自教师外在的礼仪行为。

第二，是教师"尊重课堂内的每一个人"。

尊重是礼仪文化的核心内容。

谈到尊重，下面这道题是某所学校招聘新教师的考题，我们来看一看。

一位老师布置了一道作文题，让学生"谈谈自己的心里话"。一名学生的父母离异，这在他的心底留下了阴影和许多的痛苦，学生在作文中叙述了他的这段经历。

这名学生的文笔很好，他的文章很能打动人。之后，老师在没有征求学生意见的情况下，在班上读了这篇"范文"。几天后，这名同学在日记中表达了对老师这种做法的不满。如果您是那位老师，您会怎样分析和处理这件事？

教师在班上读这篇作文前，应该先征得学生的同意。我想，多数教师会这样回答。当然，也会有教师回答：不用征求学生意见，老师要打消在班上读这篇作文的想法，因为这是学生的隐私，我们要保护。

这两种做法都是比较恰当的。教师在与学生的交流中，要主动维护和尊重学生的利益。教师在完成与学生相关的任何事情时，都要与学生商量，征求学生意见。

"好吗"、"可以吗"等商量式的语言，很好地反映了教师懂得尊重学生的利益。教师商量式的语言，给学生带来"自己的事情，可以自己做主"的意识，这是教师对学生能力的尊重。学生乐于接受教师这种商量式的语言，教师也会因为这种商量式的语言，更多地得到学生发自内心的配合与服从。

第三，是教师的"耐心"。

耐心来自教师对语言、语调、语气、表情、体态等礼仪规范的把握。

第四，是教师"良好的仪表"。

仪表是礼仪的具体形式。教师的仪表是第一印象形成的关键。当教师给学生留下的第一印象是好的时，学生会更容易接受教师，甚至喜欢上老师。

第五，是教师"良好的品性"。

不论遇到什么情况，教师都不要失态，这是礼仪中对适度的原则的把握。

第六，是教师的"宽容"。

宽容是教师礼仪的一个重要原则。学生在成长中肯定会出现这样或那样的问题，学生也正是在解决问题的过程中得到成长，所以，教师要宽容学生，并给学生留有一定的空间，让学生更好地进步和成长。

仔细分析后我们发现，好教师的素质与教师礼仪如此紧密相关。

认真地实践教师礼仪，能很好地将"成为学生心目中的好教师"这一追求变为现实。

THREE

君子以仁存心，以礼存心。仁者爱人，有礼者敬人。爱人者，人恒爱之；敬人者，人恒敬之。

——孟子

54. 等待了九年的表扬

一位西餐面点专业的职高任课教师，安排学生将自己做的蛋糕带回家，并让父母品尝后对蛋糕作出评价。

第二天，教师收到了一名学生家长的来信：

老师：您好！

今天我哭了，因为孩子昨天晚上带回家的蛋糕。

孩子将蛋糕捧到我面前说："爸，这是我做的蛋糕，老师让您尝后作一下评价。"

孩子的举动让我很惊讶，从他上小学一年级至今，因为他好动、淘气，学习又不好，班主任和老师都拿他没有办法。所以，这九年我经常被班主任请到学校去。

说心里话，每一次我都是硬着头皮去见班主任，都是耐着性子听班主任数落孩子，也都是没好气地回到家里将孩子骂一顿。这九年，一想起这孩子我就头痛。

可是今天，当接过孩子递过来的蛋糕时，我感到心里很温暖。当吃着孩子自己做的蛋糕时，我感到蛋糕很甜、很香。

吃着蛋糕，我的眼泪不禁落了下来。孩子看到我落泪，自己也哭了。

我觉得，我的孩子还是有希望的。今天，我夸了他，说他的蛋糕做得好。孩子听了我的表扬非常高兴。

任课教师通过采用这种巧妙的教育方法，让教师、学生和家长形成了融洽的关系。后来，这名学生的变化很大。每次上西餐面点课时，他几乎都是第一个到专业教室，不但上课很认真，还能帮助其他同学完成操作。

由此我们看到，家长是一种教育资源，教师与家长的积极互动，能很好地使这种资源得到开发和利用。及时地向家长汇报学生的点滴进步与优点，是开发家长资源，形成良好的家长、学生、教师三者互动关系，共同完成教育教学任务的一个好方法。

礼仪是讲究做事方法的，它强调人与人的交流要从尊重他人的角度出发，选择适宜的、让他人乐于接受的方法，使交流的双方在温馨的氛围中达成共识，最终使问题得到解决。

55. 从家长的期待出发

一位家长引用沃尔特斯在《对我影响最大的老师》一文中的话——"那些深深留在我们记忆里的是帮助我们意识到'不是最差'的价值的老师；

相信我们能从困境中崛起的老师；帮助我们计划未来的老师；那些把我们当作独立的个体来关心爱护的老师，是伴随我们成长的老师，是塑造人的老师"——以此来阐述自己心目中好老师的特征。

这位家长通过三个方面来说明自己对教师的期待。

第一，上课时，教师是严肃认真、一丝不苟的；下课后，是学生幽默而知心的朋友，谁有心里话都想第一个对教师讲。

家长还讲述了自己孩子的故事。

我的孩子一直是一个爱学习的乖孩子，可是在四年级暑假时，他迷上了网络游戏。五年级开学时，他开始不认真写作业，甚至有些厌学。我劝过、骂过都无效，无奈之下我去求助孩子的班主任。老师只轻轻地说了一句："您让孩子来找我吧，我和他谈谈。"老师找孩子谈后，孩子有了变化，放学进门后先写作业，网络游戏也只在周末才玩一玩。所以，孩子对自己喜欢的和懂学生心理的老师是信服的。我认为好老师能让学生从心底生出对老师的爱，在提到老师时学生应该是快乐而骄傲的。

由此可见，家长期待教师有科学的教育方法，能使孩子比较快乐地接受教育和指导。同时，家长还期待教师在孩子心中是有威望的，而这种威望来自学生体会到了老师对自己的爱。

第二，成功的家长会。

家长们期望老师能通过家长会给家长以信心，能有效地利用家长会这个窗口，向家长们展示学校和班级的教育思想及理念、教学风貌以及学生的变化等等，能与家长沟通，并对家长提出建设性的要求，指导家长如何培养教育孩子。

第三，培养学生良好的个人卫生习惯和文明礼仪。

曾经有学生家长对我说："×班的学生就像挑出来似的，个子差不多，都干干净净的，又有礼貌。讲卫生和文明礼仪是学生健康成长的需要，是他们将来走向社会的必备素质。"

从家长的话中我们发现，家长对孩子的发展是充满期待的，家长对孩子今后就业的认识也是清晰的。家长期望通过教师的言传身教，让孩子懂得文明礼仪，实践文明礼仪。

礼仪是一种习惯养成，尽管各大学在学生毕业之前有就业指导的相关培训，学生们通过这种培训知道了礼仪的交往规则。但是，了解礼仪规则是什么与自然地实践礼仪是两回事，习惯的养成是需要时间的。

56. 为家长提供具体的帮助

家长教育孩子的理念及做法，大多来自他们自己的经历和感觉，因而他们往往感到力不从心，他们期待得到教师的帮助。

礼仪文化强调在人际交往中，要站在他人的角度思考问题、解决问题。

首先，作为教师，我们要尊重学生及其家长，给家长带来教育孩子的信心。

比如：在与家长的谈话中，不论是肢体语言，还是接待的方式（起身迎接与落座迎接是完全不同的方式）都要表现出积极的态度，使家长能够感受到教师的尊重。

比如：尽管是学生出了问题，在与家长的交流中也要肯定学生的优点，并对学生的进步充满信心。那种"我都拿他没有办法了"的抱怨是要不得的。

一位教师曾介绍自己的经验说："我经常将孩子们的进步汇报给他们的家长，并赞赏家长在孩子的培养上有经验。同时，谦虚地以学习者的身份和家长共同探讨使孩子得到成长的教育方式。"

其次，教师要了解家长的需求，为家长提供指导孩子成长的具体方法。

当一位班主任发现自己的一名学生讲话经常带脏字后，经过与学生及其家长商议，达成了以下共识。班主任设计了一个表格，每天记录学生是否讲话带脏字，每周由老师和家长作出评价，以此督促学生改正缺点，并使学生好的做法得到强化。表格如下：

日期表现	星期一	星期二	星期三	星期四	星期五	老师评价	家长评价
完成情况	我做到了。	我差点没做到。	我又做到了。	我做到了。	我胜利了。	你是好样的，能说到做到，看你下周的。	孩子一周内，在家里讲话没有带脏字。为他高兴。
自己的想法	我能遵守诺言。	脏话到嘴边！让我"咽"了下去。	今天很轻松。	明天就是星期五了！要坚持。	老师和家长表扬了我！我从来没有这样高兴过。		

最终，这位学生改掉了坏习惯。通过这一问题的解决，家长感慨地说："哪个家长不希望孩子学好呀！但是，遇到孩子有问题时，我们总是起急，一起急就开始唠叨孩子，有时还会上手，最终问题还是得不到解决。"

一位幼儿教师介绍自己的经验时说道："有的孩子不愿意将玩具给其他孩子玩，表现得比较自我，不大合群。根据孩子的特点，我和家长商量，给孩子创造更多的给小朋友发图书、发奖品的机会，让孩子体会自己给别人带来的快乐，并及时肯定他的优点，让身边的孩子逐渐对他产生好感。同时将孩子的表现汇报给父母，在家庭中肯定和强化孩子的点滴进步。"

我们需要转变观念，观察和了解家长的需要，为家长提供具体的帮助，使家长主动参与学校的教育教学过程，形成教育合力，共同为学生的健康成长而努力。

57. 积极地"请家长"

一名学生这样评价电视剧《红蜻蜓》："李媛媛扮演的这位老师真好，她上课第一天就给自己定下一个规矩：绝对不会告学生的状。她是我到现在为止最喜欢的教师形象，很感人。记得当时看片子时我就想，要是能遇到这样一个老师该多好。"

针对"请家长"这一现象，我和一名学生交流，学生说："我特烦老师请家长，每次我爸妈从学校回来，不是骂我让他们丢人了，就是说不该生我，唠唠叨叨没个完。"

在和一位中学的班主任交流时，他告诉我："我非常忙，一般只有在学生出问题时才会请家长。"

"只有在学生出问题时才会请家长"，如果我们与家长的交流仅限于此，就能明白，上文中学生所讲的"请家长"就是"告状"的含义。"告状"不仅将教师、学生及家长三方对立起来，而且不利于解决问题。

我们可以尝试着改变这种状况，通过努力使"请家长"成为一种积极的交流过程。

首先，让学生感到我们是真诚的。

真诚的态度要通过具体的行为传达给学生，我们可以从以下几方面做起。

◆ 将"请家长"的想法与学生进行交流。

◆ 将"请家长"的原因与学生进行交流。

◆ 将"请家长"的目的与学生进行交流。

◆ 争取得到学生对"请家长"的认同。

在面对一件事情时，我们之所以出现紧张情绪，往往缘于不了解它，学生也是如此。所以，在"请家长"前与学生进行交流，会使学生忐忑不安的心情放松下来，抵触情绪也会随之消失，并让学生感到教师"请家长"是为了自己的进步。

其次，要把握平等的原则，使家长乐于接受邀请。

◆ 不论学生出现什么问题，我们都要控制好自己的情绪。如果情绪无法平静，就推迟与家长的见面时间。

◆ 选择家长接电话比较方便的时间进行联络。

◆ 与家长商量见面的时间，而不是通知家长何时到校。

◆ 说明邀请家长的原因与目的，并向家长表达寻求其帮助之意。

这些做法能使家长心情愉快，感到被尊重，并愿意积极配合。

再次，与家长面谈时，最好让学生一起参与。

学生参与和家长的面谈，这样做会有三个好处。

◆ 避免学生无根据地进行负面的猜测。

◆ 避免家长向学生转达时出现误差。

◆ 真正达到邀请家长的目的，即帮助学生解决问题。

最后，在与家长交谈时，埋怨甚至指责学生和家长的语言及做法，都是要不得的。

在真诚与平等的礼仪原则指导下，在选择了恰当的表达真诚与平等的做事方法之后，我们会逐渐将学生所谓的"告状"转为"邀请"，逐渐使家长被动来校转为乐于来校。通过我们的努力，教师、家长和学生三者之间一定会形成互相配合、互相学习、共同进步的融洽关系。

58. 理性地接打电话

面对面沟通与电话沟通有什么区别？

我们可以通过以下的表格来做一下比较。

	面对面沟通	电话沟通
语言	声音	声音
非语言	表情　体态　眼神 声调　语速　语气	声调　语速　语气

通过比较，我们清晰地发现，在沟通中接打电话的双方只能通过语言的声调、语速以及语气来判断彼此的意愿及情感。这就要求我们在接打电话时不但要组织好语言，还要讲究声调、语速和语气。

接打电话时，我们要遵守两个原则。

1. 礼貌的原则

接打电话的礼貌，建议大家从以下几方面做起。

◆ 礼貌地问候和主动地自报家门。

比如："您好！我是您孩子的班主任王老师。"

拿起电话，不应该出现"喂，喂"等语言。

在询问对方找什么人时，不要说"你找谁"，而应该询问："请问您找哪一位？"主动打出电话时，当听到对方问候和自报家门后，要热情地问候并自报家门。如"您好！我是××单位的××，请问王先生在吗？"

◆ 要微笑着接打电话。

一个哭丧着脸的人不会有好的心情，有这种心情的人不可能用和蔼可亲的语气与他人交谈。在接打电话中，双方虽然都看不到对方，但是双方通过语气等可以感受到对方是否热情。

日本的一家公司，在每位接线人员的对面都放置一面镜子，要求接线员在接打电话时，检查镜子中的自己是否在微笑。公司以这种方式，要求接线人员为公司树立良好的形象。

作为为人师表的教师，我们也要从这样的细节做起。

◆ 要礼貌对待串线电话。

当电话串线时，如果听到对方不耐烦地说："打错了！""不对！"再重重地将听筒挂上时，我们肯定会很不开心。

所以，对待串线电话，要本着体谅他人的原则耐心接听，并告之对方："对不起，这里是 × × 学校，电话号码是 × × × ×，您要打的电话是多少？"

如果我们打错了电话，要真诚地说"对不起！是我打错了"，礼貌地向对方表示道歉。

◆ 接打电话时要体态规范。

接打电话时要保持良好的体态，不能歪着身子，不能趴在桌子上，不能吃东西、喝水等。

如果体态不端正，会直接影响到我们的声音。吃东西、喝水的声音也会传给电话的另一方。这些不良的体态会给他人一种懒散的感觉。

◆ 通话完毕，要请对方先挂机。

出于礼貌，我们应待对方挂机后自己再挂机。

◆ 不要让电话铃声响得太久。

在电话铃声三响之前，就要拿起听筒。如果耽搁了，在拿起听筒后应道歉："对不起，让您久等了。"

作为打电话的一方，则要耐心等待，不要流露出不耐烦的情绪，更不能用不礼貌的语言指责对方。如果是打往私宅的电话，更要做到耐心等待。

◆ 打往私宅的电话尤其要注意时间。

我们与家长的联络时间多为对方的休息时间，比如：中午或晚间，所以，要考虑得更加细致。晚上 10：00 后一般不要打电话；早晨上班前不要打电话；晚餐时不要打电话。如果在上述时间必须要打电话时，则要在接通电话后，首先征求家长意见："对不起，能打扰您一会儿吗？"说话要力求简洁，尽量少占用家长的时间。

◆电话交流中要积极应答。

我们可能有这样的经历，在接打电话时，对方会突然问道："你在听我说话吗？"对方为什么会这样问呢？是因为听电话的一方沉默的时间太长，讲话的人认为其没有注意听，或者是认为电话中断了。所以，在接打电话时要做好应答。我们常用的应答语有："是的。""你说的对。""很好。""请继续讲。"

◆电话需要中断时要礼貌。

接打电话时，要将其他的事情暂时停止，如果需要中断电话时，要向对方说明："对不起，请稍等。"并尽快将事情处理完毕，以免让对方久等。如果要处理的事情需要花费很长时间，要向对方说明，采取暂时挂机，之后再继续通话的方法。

◆善始善终，保持礼貌。

电话交流中，在我们向对方表示感谢时，如果感谢的话还没有讲完对方就挂机了，这难免会给我们带来小小的不愉快。我们还会猜测对方是不是有些不耐烦，或是我们有什么话说得不妥，因而对方急于挂电话。所以，我们打电话应做到善始善终。

结束时要道谢，比如："非常感谢！"，"谢谢您的帮助与支持！"，"再见！"

2.接打电话要准确无误

某学校的一位工作人员，由于听错了对方要找的人的名字，而恰巧要找的人又不在，他将电话做了简要记录，交给了自己认为的那位教师，结果使一场约会出现了尴尬的场面。所以，接打电话一定要准确无误，我们可以从以下三个方面做起。

◆ 要准确记录。

养成准确记录的好习惯，一般电话记录的内容有这样几方面：

何时_____，何地_____，何人_____，何事_____，
如何处理_____。

◆ 重要内容要复诵。

接打电话时，要将对方电话中谈到的时间、地点、电话号码、数字、
重要事情等准确记录下来，为确保无误，还要复诵一遍。比如：

"王女士，您的电话号码是 ××××××××，对吗？"

"请问，您是明天上午8点来校，对吧？"

◆ 吐字清楚才能确保准确。

在电话交流中，吐字不能含混不清，吐字不清容易让对方无法分辨要
传达的内容。

◆ 通话要突出重点，讲究顺序。

电话交流时不能东一榔头，西一棒子。要逐一将事情讲清楚，语言要
简明扼要、突出重点。对容易误解的内容要加以强调或询问对方"我说清
楚了吗"。在打电话前，整理一下自己的思路，就会做得比较好。

◆ 接打电话要讲究效率。

电话自问世以来，大大方便了人与人的交往。但是，有时并不是有了
电话，就有了效率。那么，怎样接打电话才能体现出效率呢？

礼仪专家建议

有效地接打电话

第一，电话铃响后要快速接听。

这与我们前面讲的，出于礼貌，在铃声三响前拿起听筒是不矛盾的，尤其是办公电话，对方很可能在铃声三响后就会选择放弃。

第二，养成左手拿听筒的好习惯。

多数人习惯用右手拿听筒，当遇到需要记录的电话内容时，再换手做记录，这样容易导致忙乱。要左手拿听筒，右手执笔，随时准备记录。

第三，要找的人不在时，要询问何时方便联络。

与家长联络不上时，要询问其家里人，对方何时回来，为下一次联络成功做好准备。

第四，写好备忘录。

为了能将交流的内容讲述清楚，为了使交流的内容不出现遗漏，在打电话前要写好备忘录。备忘录中要标记有几个问题要做交流，大致的内容是什么，重点内容要怎样讲述才能引起对方注意，等等。

59. 选择"握手"的迎接方式

握手礼起源于远古时期。当时，部落之间为了猎物或一些其他利益经常发生械斗。人们用自己手中的石块、木棒打击对立的一方。随着时间的推移，人们认识到互相之间还要共同依存。矛盾化解后，他们主动丢弃手中的石块、木棒，并将双手握到一起，以此表示和睦相处的愿望。这种将手握到一起的姿态，就是我们常用的握手礼的起源。

握手是交流的双方肢体接触的一种见面礼方式，在握手时，我们能通过对方握手的力度、时间等，感觉到对方的热情和友好。所以，对于人与人之间的交流，选择握手要比选择其他的形式比如微笑、注目、点头礼等更好一些。

在与家长见面时，建议老师们选择握手的迎接方式。以下我们来了解握手礼的规则。

1. 握手的要领

握手时，要与家长距离约 70 厘米左右，双腿立正，上身略向前倾，伸出右手，四指并拢，拇指张开，掌心向内。手的高度大致与腰部齐平，手部稍用力，握住家长的手掌（与异性家长握手时，要握对方的手指）。握手时要凝视家长的双眼，通常情况下，要面带微笑（图 2-1）。

图 2-1

2. 握手的细节规范

第一，要讲究握手的先后顺序。

握手顺序的规律一般是尊者先伸手。

在面对领导时，我们要在领导伸手后，积极地配合对方。

在面对长者时，我们要在长者伸手后，积极地配合对方。

在男教师面对女教师时，男教师要在女教师伸手后，积极地配合对方。

家长是尊贵的客人，我们作为主人要主动伸手与家长相握。此时的主动伸手是表示热烈欢迎家长的到来。

与家长交流结束时的握手礼是欢送家长的一种表达方式。但是，此时的主动伸手者，应该是家长，而不是我们。

所以，主、客之间的握手，应该遵循客人到来时，主人主动伸手；客人离开时，客人主动伸手的顺序。

在与多人握手时，比如当学生的父母一同来访时，可以根据与他们的距离确定握手的先后，一般是按照由近到远的顺序握手。

第二，要在握手前摘掉手套。

第三，握手时力度要适当。

握手的力度是比较难掌握的细节，我们要注意两个方面。

◆ 男士与女士对力的感觉有差异。建议老师们与异性家人或是同事进行力度的尝试，这样会很快找到握手时力度的感觉。

◆ 在与对方握手时，要将自己的拇指搭在对方的手背上，并用自己的四指握住对方的手指。

第四，握手的时间长度要适宜。尤其是与家长第一次见面时，要将握手的时间控制在3秒钟左右。随着与家长良好关系的建立，再次见面时可以根据家长的需求，适当延长握手的时间。

第五，在不便握手时要委婉地说出原因。比如：在自己的手上有汗水或是墨迹时，要委婉地告之对方："对不起！我的手上有水。"这样提醒对方后，会让对方感到我们很细致，也很为他人考虑。

3. 握手时要注意的问题

握手是传达情感、表示友好的过程，为了达到这种目的，我们需要注意下列问题：

第一，不要使用左手与他人相握。培训中有些学员问："老师，我是左撇子，不习惯用右手握手怎么办？"我的回答是："多次尝试用右手握手，就习惯了。"

第二，在迎送家长时，不要隔着房门握手。在人比较多时，行握手礼也不要形成"十字"交叉的现象，即在两人握手时，另外两人也在握手，而且，他们的手臂形成了交叉现象。

第三，如果戴着墨镜，要记得在握手前将其摘下来。

第四，握手时，要有认真的态度，不要将另一只手放在衣兜内。

第五，握手时要把握适度的礼仪原则，像点头哈腰、过度热情的行为是要不得的。

第六，软绵绵的、没有力量的握手是很容易伤及对方自尊心的，要掌握恰当的握手的力度。

第七，尽管礼仪规定了握手的顺序，但是，当他人违反顺序规则，或是自己不情愿与他人握手时，也要友好地完成握手礼。不然，迫使对方将伸出的手收回，一定会令他人很尴尬。

▌60. 请家长坐在什么位置 ▌

在国际间的会见过程中，通常将来访者安排在主人的右侧落座，这是尊重来访者的一种表现，也是国际间的交往惯例。

一次，邓小平在接见撒切尔夫人时，陪同人员发现他大步流星地走到撒切尔夫人的座位前，并转身坐了下来。

看到这种情况，陪同人员表面上很平静，心里却是七上八下的。因为他们清楚，在涉外交往中对出现的类似情况要遵守"不得纠正"的原则。

待撒切尔夫人落座后大家看到，邓小平转过头看着她说道："非常欢迎您的到来，我的右侧耳朵听力不好，我想听清楚您讲的每一句话。所以，我坐在了您的位置上，对不起啊！"

撒切尔夫人开心地笑了，所有陪同人员揪着的心也放了下来。

　　这个小故事，让我们感受到了领袖的礼仪风范，了解了灵活运用礼仪规范给他人带来的惊喜，同时也认识到在与他人的交往中，座次是一种身份的象征，是对他人重视与否的表现。

　　如果家长来到学校，教师首先要将家长安排在比较舒适的座位上。

　　如果办公室有软椅，就不要让家长坐在比较硬的椅子上。

　　其次，要根据与家长的关系，选择适宜的位置关系。

　　在办公接待中，落座的位置关系一般有三种：

　　◆ 对立座次。对立座次就是与家长面对面的落座方式。通常会谈时，谈判的双方会选择这种落座方式。显然，这种方式不适合与家长的交流，因为这是一种对立的座次安排。

　　◆ 桌角座次。观看图 2-2，我们发现，桌角的一端可以起到屏障的作用，会使人产生一种安全感，进而会使交谈进行得比较轻松。建议对第一次见面的家长，教师选择这种座次。

图 2-2

　　◆ 合作座次。所谓合作座次，就是我们与家长肩并肩，平行落座。这种落座方式说明双方的关系是比较亲密的，是合作伙伴或是同事关系。如果教师与家长已经建立了良好的关系，可以酌情考虑这种落座的方式。

61. 上茶要讲究规范

有人说：19 世纪是咖啡的世纪，20 世纪是可乐的世纪，21 世纪是茶的世纪。因为人们已清楚地认识到茶的效用。

中国人经常以茶待客，茶蕴涵着主人对客人的敬重和情意。所以，在家长落座后，要及时为家长上茶或是上水。

在为家长沏茶时，要注意以下方面：

◆ 不要下手直接抓取茶叶。

◆ 目前，沏茶的茶具用得较多的是一次性纸杯，也可以选择玻璃杯。使用玻璃杯时，要选择没有残破、没有裂纹、干净卫生、没有污垢或茶锈的玻璃杯。

◆ 斟茶时要斟七分满，因为我们的茶文化中有"茶满欺客"的传统观点。

◆ 在家长不是单独来访时，要注意敬茶的顺序。一般是先为女士敬茶，后为男士敬茶。先为长辈敬茶，后为晚辈敬茶。

◆ 上茶时，要用右手握着茶杯，左手附在杯底，将茶杯放于家长右前方的桌面上。

◆ 在上茶时要说："请用茶。"家长答谢时要回答："不用客气。"

◆ 不要在家长将茶喝得见底时再续水，要在家长喝了几口之后就续水。

在家访时，教师还要学会礼貌地喝茶。

老舍对茶是很有研究的，他在《茶馆》中淋漓尽致地描述了茶的"其中味"。但是，老舍在莫斯科时，由于莫斯科人对茶的不了解而发生了尴尬的事情。

莫斯科人知道中国人爱喝茶，他们在接待老舍时专门为他准备了热水壶。

一天，当老舍沏上一杯茶，喝了几口后，将杯子放在桌上，闭目慢慢地品"其中味"时，工作人员认为老舍已经喝好了，便悄悄地走了进来，拿起茶杯将剩下的茶倒掉了。

当老舍睁开双眼，看到茶杯已经空掉时，非常不快。

工作人员只知道老舍爱喝茶，却不知道喝茶讲究品，讲究美在第二杯。

喝茶并不是单纯为了解渴。在喝茶时，不论我们是否口渴，都不要一饮而尽，一口一口地喝才是正确的。喝红茶或奶茶时，不要用茶匙舀着喝，也不要将茶匙放在茶杯里，要将其放在茶碟上。

在家长上茶时，要起身道谢。上茶时，通常将杯子放在桌子上，所以，不须用手接茶杯。

注意，不要在与家长讲话时喝茶。

62. 让家长愉快地离开

当我们回忆一次会面、一次用餐、一次购物时，过程开始的情形会自然浮现在我们的眼前。另外，我们还会想起过程结束的情形。

心理学家将人们留给交往对象的最后印象称作"末轮效应"。"末轮效应"往往是一个人留给交往对象整体印象的重要组成部分。所以，在与他人交往的过程中，既要重视树立好的第一印象，也要重视给人留下的最后印象。

基辛格是中国人民的好朋友。2009年，他再次到中国访问时，温家宝总理接见了他，会谈结束时，天下起了雨。温总理撑起一把大大的雨伞为基辛格遮雨，并一直把他送到紫光阁外的台阶前。

我们相信，这离别前的温馨一幕，会永远留在双方的记忆中。

我们在接待家长的最后一个环节——送别家长时，要做好下列几件事。

首先，要掌握愉快地结束交谈的方法。

在教师礼仪培训中，老师们常无奈地说："在接待家长时，该说的都说了，该解决的问题也都解决了，可是，家长就是不离开，我又不好意思开口让家长离开。"

这种担心伤及家长自尊心的想法，说明教师是很有礼仪修养的。从另一个角度想，我们也可以确信，家长是喜欢和我们交流的，所以，我们应该为此感到高兴。

我们可以选择比较简洁、委婉的方式让家长高高兴兴地离开。比如：态度友好地告诉家长："和您的交谈让我感到非常愉快，如果10分钟后学校不安排开会，我们还可以继续交谈下去。"这种结束谈话的方法是家长乐于接受的。

其次，要对家长的到来表示感谢。

家长在工作繁忙时抽出时间来校，是对教师工作的支持，所以，教师要感谢家长的来访。另外，答谢也是密切与家长关系的良好方式。

最后，要送别家长。

送别家长，可以送到办公室门外，也可以根据情况送得远一些。

送别时，要主动为家长将房门打开，待对方走出房门后，自己再走出去。

送别时，如果需要陪同家长走一段路，要走在家长的左侧。此时，选择与家长并肩行走的方式比较好。

送别时，在与家长道别后，要在原地稍做停留。因为在道别时，多数人有回头再次道别的习惯，在那一刻，家长是期待看到我们的。

这样送别家长，能为今后的合作与交流打下良好的基础。

FOUR

与同事和谐相处

不学礼，无以立。

——孔子

63. 关于"三只老鼠偷油喝"的思考

有一个意味深长的小故事，讲的是三只老鼠一起去偷油喝，到了缸边一看，发现缸里的油只有一点点，而且油缸很深，三只老鼠谁也喝不到。

于是，它们想出一个办法，一只咬着另一只的尾巴，吊下去喝。待第一只老鼠喝饱了之后，再吊下第二只去喝……

第一只老鼠被吊了下去，它在下面一边喝一边想："油只有这么一点儿，我还算幸运，可以喝个饱。"第二只老鼠想："缸里的油就那么一点儿，假如下面的老鼠喝完了，我还有什么可喝的呢？我还是放了它，自己跳下去喝吧。"第三只老鼠也有自己的想法："油很少，等它俩都喝饱了，还有我的份儿吗？不如早点放了它们，自己跳下去喝吧。"

于是，第二只老鼠放了第一只的尾巴，第三只老鼠放了第二只的尾巴，它们都跳到了缸里，最后，由于逃不出来，它们都死在了缸里。

这个生动形象的故事告诉我们，在一个集体中，如果团队成员都追逐着与团队总目标不一致的个体小目标，如果每一个体只考虑自己的利益，往往只会导致失败的结果。

所以，在一个团队中，尊重他人的利益是团队建设和发展的基础。

外交学院的文泉老师，是一位对礼仪文化很有研究的学者。他在自己的专著《国际商务礼仪》中写道："礼仪是人们在长期的社会实践当中，对人类自身言谈行为的模式和思维衍演的方式而达成的一套社会协议和共识，是人们必须共同遵守的一系列言行及仪式的标准。其基本的精神是对他人利益的尊重和确认。"

让我们以礼仪的基本精神，作为教师之间和谐相处的根本。

作为教师，我们期待学校是一个温馨的大家庭。在工作中不论多么苦、多么累，我们会因为得到了同事的肯定和关心，而将苦和累忘却。

作为教师，我们期待自己的生活和工作是快乐的，而得到他人的尊重是快乐持续下去的根本。

当然，最关键的是我们要身体力行，先从自己做起，从尊重和确认同事的利益做起，从尊重和维护集体的利益做起。

64. 新老教师的相处

在学校的发展过程中，避免不了新、老教师的交替。老教师在带年轻教师时要注意三个方面。

首先要带领年轻教师系统地学习学科知识，做到融会贯通。

其次，要带领年轻教师掌握科学、合理的教学方法。教学过程要让学生觉得有趣，而学生学习兴趣的培养，更多地来自教师对教育教学方法的探索和恰当选择。

最后，要重视对年轻教师人品的培养。

在带徒弟的过程中，我的第一个感想是：要尊重和挖掘年轻人的能力。这样做可以避免"手把手"帮带对年轻人能力发挥的限制。

我的第二个感想是：要真诚地对待年轻教师。真诚待人也是礼仪文化的原则之一。在具体做法上就是，将自己的经验与比较成熟的思想等，没有保留地与年轻人进行交流。

对此，曾有好朋友告诫我，你这样做是在伤害自己，是在堵自己的路。

我却不这么看，我不担心年轻人拿走我的饭碗。只要努力学习新知识，经常更新自己的观念，我就不会落伍。

我的第三个感想是：在带年轻人时，要选择年轻人能够接受的方法。比如：在指出他们的问题时，我的习惯做法是先肯定其做得好的地方。在提出建议时，我的习惯性语言是："你看这样行不行？"

在与年轻人的交流中，我也收获颇丰：他们的进步给我带来快乐；他们向我答谢时让我感到了自己的价值；当听到其他同事对徒弟的褒奖时，我会很骄傲。所以，我和年轻人在交流中共同成长，共同进步，共同分享着生命的美好过程。

65. 同事间如何合作

第一，在与同事的合作中，理解对方是基础。

理解同事可以从三个方面做起：

一是，对同事面临的问题和困难要表示理解。

二是，对同事面临问题和困难时的心情表示理解。

三是，给同事提出合理的建议，帮助其解决问题和克服困难。

第二，要积极配合同事。

在学校的各种工作关系中，班主任与任课教师建立良好的工作关系，相互配合，是非常重要的。

作为班主任，在安排班干部及课代表等工作时，要尊重任课教师提出的建议与意见，从而达到互相配合、同舟共济、共同为班集体建设出力的目的。

任课教师在教学中，当遇到学生不遵守课堂纪律时，班主任要及时地进行调查，协助任课教师解决问题。

班主任还要帮助任课教师建立威信。当学生提出任课教师在教学中的不足时，班主任要在维护任课教师应有的威信的前提下，引导学生正确、客观地评价教师。

当然，任课教师对于班主任的工作也同样要给予积极配合。

多年来，社会各团体，甚至是在全球范围内，对于团队合作一直倡导"搭接"的理念。"搭接"的含义是：同事与同事之间、部门与部门之间的工作没有严格的界线，存在着需要共同完成的工作内容。人们必须选择将自己的手与他人的手握在一起的工作方式，这就是"搭接"的工作方式。

积极配合要建立在"搭接"的理念之上。

第三，要真诚地支持同事。

如何提高我们的人际魅力，如何保持良好的人际关系状态，如何生活在良好的人际氛围中，这是我们经常要思考的问题。

在人际交往中，喜欢与厌恶是相互的。我们会发现，那些喜欢我们的人，往往也是我们喜欢的人。那些支持我们的人，往往也是我们支持的人。

在工作与生活中，我们都有一个共同的想法，就是希望同事们承认自己的价值，支持自己，接纳自己，喜欢自己。

所以，真诚地支持同事，不但是具有团队意识的表现，也是得到同事支持的方法。

第四，要热情帮助同事。

在同事需要时，热情相助是好的态度。在帮助同事时，讲究方法则是一种智慧。

让我们来分享下面的故事。

一位自认为很有文采的男子来到一个寺院，高声对小和尚喊道："把你们最有文采的和尚叫来，我要和他比一比。"

小和尚一边答应着，一边为他让座、上茶。

茶杯很小，茶水溢了出来，洒在了男子的身上。男子喊道："你怎么用这么小的杯子呀，把我的衣服弄湿了。"

小和尚换了一个稍大些的杯子，但是，茶水还是溢了出来。男子又斥责道："你不能换个大的杯子呀！"

当小和尚再次换杯子，再次倒茶水时，男子突然脸红了起来……

我们看到，小和尚在帮助、教育这名男子时，选择了智慧、含蓄的方法。他从头至尾没有一句说教，而是选择了上茶的方法，通过茶水之所以容易溢出是因为茶杯太小这一举动来暗示对方，做人做事要有一种客观的态度。

第五，要学会赞赏同事。

在本书的第二部分，我们学习过赞赏的重要性以及怎样赞赏他人。

在这里，我们要从另一个角度来认识赞赏的内涵，即团队意识的较高层次是学会赞赏他人。团队意识由低到高的层次是：理解他人，配合他人，支持他人，帮助他人，赞赏他人。发自内心地赏识他人，才有可能发现对方的价值。将对方的价值真诚地说给对方听需要我们的度量。我们将赞赏作为团队意识的高层次，是因为团队成员间的相互赞赏，可以更好地为成员带来归属感，带来激励，提高团队的凝聚力，使团队得到持久、良性、长足的发展。

66. 尊重同事的隐私

尊重人格尊严和个人隐私是建设文明社会的重要前提，也是建设社会主义法治国家的基础。

不询问、不打探同事的隐私，是教师礼仪的一个重要方面。

一位教师得了重病，另一位教师关心地安慰道："没关系的，总有一天会康复的。"结果，生病的教师马上反问道："谁说我得病了，我这不是好好的吗？"

人们会在不经意之间，触及他人的隐私，所以，尊重他人的隐私，要从加强个人意识和了解隐私的内容两方面进行。

隐私包括三方面内容：私人生活秘密、私生活空间以及私生活的安宁状态等。具体包括：姓名、性别、年龄、职业、学历、联系方式、婚姻状况、收入和财产状况、宗教信仰、指纹、血型、病史等等。

此时，我们就会明白了，那位生病的教师为什么否认自己的病情。

当然，上述的隐私内容会因为场合、对象的不同，导致是否属于隐私的不同判断。比如：在陌生的场合，姓名、职业等是隐私，但是，在校园中，这些就不是隐私。在好朋友之间，婚姻状况可能是隐私，也可能不是隐私。

中国人隐私意识的加强是一种进步的表现。我们在关心他人安全的同时，也在为自己创造安全的空间。隐私意识是自尊、自重的一种表现。

人们有隐私意识后，不但拥有了个人空间，还会带来人际吸引力。

可是，我们也不能因尊重他人隐私而失去建立关系的机会，我们应该怎样做呢？

当我们需要与对方建立关系时，可以尝试着这样做：

◆ 委婉询问。

比如，询问对方："我用什么方法与您联系呢？"但是，要做好接受对方拒绝的心理准备。此时，如果对方搪塞我们，就不要再继续追问。

◆ 通过第三方的协助。

任何人都有好朋友，比如，如果希望为某位教师做"红娘"，我们可以通过对方的好朋友来完成这种心愿。

另外，发送短信或邮件也是比较稳妥的与他人联系的做法。

67. 用他人喜欢的方式来相处

世界各国公认中国人是热情、友好的，尤其是在北京 2008 年的奥运期间，我们的志愿者们给各国官员及运动员留下了良好的印象。

但是，我们发现过度的热情，也会让他人处于尴尬境地。

在一次聚餐中，一位好心的教师张罗着为身旁的人"布菜"。在聚餐结束时，他发现对方碟子中的菜还有很多。最后他才知道，这位教师虽然不是少数民族，但是他不喜欢肉食。

所以，适度的热情才能给他人带来愉悦的感受。站在他人的角度，用他人喜欢的方式来相处才能得到好的结果。

美国心理学家罗杰斯针对人与人之间的交流质量，提出了"同理心"的概念。"同理心"是指设身处地体验他人的处境，对他人的情绪和心境保持敏感和理解。在与他人交流的过程中，体验到对方的内心世界和感受，并能对对方的感情做出恰当的反应。

在校园工作中，我们会发现这样的情形：对方做错了事情，但却不以为然，我们试图帮助他，却总也达不到目的。这时，我们该怎么办？

不要埋怨对方，而是告诫自己：可能是自己的判断出了问题，可能是我们没有找到问题的原因。积极地找到原因和对方能够接受的解决问题的方法，才是我们要做的。

设身处地为他人着想，了解他人的态度和观点是做事成功的关键。从下面的故事中，我们可以得到启示。

一个妈妈带着自己可爱的儿子去买圣诞礼物。

从妈妈笑意盈盈的脸上、轻快的脚步中可以看出，她的心情非常好。因为街上飘荡着圣诞歌声，橱窗里装饰着各种彩灯，连空气中都洋溢着节日的快乐气氛，这位妈妈没有理由不快乐。

她拉着5岁儿子的手，悠闲地向前走着，突然感到儿子在拽她大衣的衣角。

妈妈低头看着自己的儿子，发现孩子的脸上满是泪水。

当孩子看到妈妈在关注自己时，呜呜地哭了起来。

妈妈问道："宝贝，怎么了？今天是来给你买礼物，应该高兴啊。"妈妈很不理解，为什么孩子对这多姿多彩的节日气氛不感兴趣，而且还哭得这么伤心。

"妈妈，我不舒服。"孩子哭着说道。

妈妈听后，由上向下认真地打量着儿子，她发现孩子的鞋带开了，她以为儿子是因此而感到不舒服。

于是她蹲了下来，一边为儿子系鞋带，一边安慰道："宝贝，妈妈没有发现你的鞋带开了，这样你走起路来肯定很不舒服。"

此时，妈妈突然发现，进入她眼帘的是一双双粗大的脚和女士们低低的裙摆，进入她耳畔的是人们嘈杂的脚步声，同时，扬起的灰尘让她有一种窒息的感觉。

绚丽的彩灯，迷人的橱窗，诱人的圣诞礼物，悠扬的歌声，不属于自己的孩子。在孩子的视野里，什么美的东西也欣赏不到，这才是儿子不舒服的真实原因。

在和他人交往的过程中，我们不能仅从自己的意愿出发，更不能将自己的意愿强加于人，这是我们必须遵守的交往原则。

68. 培养乐观的心态

美国总统罗斯福在回忆起自己的童年时，总是首先想到母亲对自己的教育。他说：我之所以能够这样乐观地看待身边的得与失，主要得益于母亲的帮助和教育。

小时候，当他遇到挫折时，母亲总是告诫他：以平常心看待事物，凡事朝着积极的方向思考，不仅可以使生活更快乐，还可以感染身边的人，让身边的人也感受到快乐和鼓舞，这样遇事成功的几率才会更大。正因为母亲培养了罗斯福积极乐观的人生态度，他才能够从容应对各种人生困境，才能够拥有一个辉煌的人生。

"横看成岭侧成峰，远近高低各不同。"这简单的两句诗，其意境却远非对几座山峰的描述：看待同一事物，从积极的角度看，我们会看到希望；从消极的角度看，我们却只能看到失败。

一位教师在学校值班时，校内发生了物品被盗的事情。

学校严格执行校规校纪，在大会上批评了这名教师，还扣了他当月的绩效奖。

其他教师想去安慰他，但是，还没有开口，这位教师却笑着说："扣了绩效奖也没有关系的，不就是少吃几只烧鸡的事情吗？"

听他这样讲，关心他的教师们也随之放松了心情。

乐观的教师很少给周围的同事带来压力，反而会更多地给同事带来快乐。所以，他们是同事们乐于接近的人。

在一个团队中，当绝大多数人是乐观的人时，就能形成快乐、轻松的氛围。

下面的小故事告诉我们，生命的质量来自积极、快乐的心态。

一位老婆婆有两个儿子，一个儿子经营卖雨伞的生意，另一个儿子经营卖饮料的生意。从两个儿子开始做生意起，老婆婆就一天也没有开心过。

天气晴朗时，她愁眉苦脸，担心经营雨伞生意的儿子卖不出去伞。

天在下雨时，她照样愁眉苦脸，担心经营饮料生意的儿子卖不出去饮料。

可是，老天爷没有能力给她带来第三种天气。

老婆婆在痛苦中消磨着生命的时光。

有人这样开导她："老婆婆，我很理解您的心情。不过，如果在下雨时，您多想想经营雨伞的儿子，他的生意一定很好；如果在天气晴朗时，您多想想经营饮料的儿子，他的生意一定很好，这样您就能天天快乐了。"

老婆婆听了觉得很有道理，从此，无论天晴还是下雨，她每天都开开心心的。

所以，学会从积极、客观的角度看问题是乐观的根本。拥有这样的心态，才有可能在生活与工作中笑口常开，在实践礼仪时给他人带来发自内心的愉悦，在相互交往中感受生命的价值。

69. 关心同事的喜怒哀乐

在美国女作家安娜路易斯·斯特朗的 80 寿辰酒会上，周恩来总理说："女士们，先生们，今天，我们相聚在一起来做什么呢？我们来共同庆祝著名女作家，安娜路易斯的 40 公岁寿辰！"

听到周恩来总理的祝酒辞，安娜路易斯迈着轻快的脚步，激动地来到周恩来总理的面前，声音颤抖地说："总理，您的祝酒辞让我感到自己变得年轻了，让我感到自己的思维敏捷了，我还能写作。谢谢，谢谢！"她握着周恩来总理的手，久久不愿放开。

周恩来总理深知"女士忌老"的心理，于是巧妙地淡化了安娜路易斯的年龄，这是一种对朋友无微不至的关心。

一位 30 多岁的成功男士讲过这样一段话："20 几岁时，我考虑得比较多的是让领导、同事、环境适应自己。当遇到不顺心的事情时，很少考虑是自己出了问题，而是用换个工作单位的消极方式来处理。30 岁左右时，我意识到了要适应领导、同事和环境。所以，现在我取得了成功。"这位男士所讲的适应，其实就是要感受和理解领导及同事的想法。

面对同事，对他们的"喜"要表示祝贺，对他们的"怒"要表示理解，对他们的"哀"要表示"你痛我也痛"，对他们的"乐"要让自己也乐在其中，这种感同身受就是关心。

心理学家荣格有这样一个公式：我＋我们＝完整的我。

下面的小故事恰如其分地说明了这个公式。

一头驴和一匹马同行，驴驮着很多沉重的货物，马却驮着很轻的货物。

驴请求马："你帮我驮一点东西好吗？"

马却说："我凭什么帮你驮东西？"它拒绝了驴。

就这样，驴每天不堪重负，累得喘不过气来，马每天享受着轻松与快乐。

不久，驴累死了。结果，驴背上的所有货物全部加在了马的背上，马非常后悔，但是，一切已经无法挽回。

这个故事告诉我们：任何人都是不能孤立生存的，我们需要和周围的人共同面对困难。大家要互相关心，互相帮助，而且，关心他人也是在关心自己。

70. 学习同事的长处

向同事学习是取得成功的一条捷径。从礼仪角度来分析，向同事学习，又是尊重他人的能力以及尊重客观事实的表现。

向同事学习，首先要有"空杯心态"。

所谓"空杯心态"，是要把自己想象成"一个空着的杯子"。因为，如果是装满东西的杯子，就会什么也装不进去。

相传，知了原来是不会飞的。一天，它看见一只大雁在空中自由自在地飞翔，它就请求大雁教自己学习飞行，大雁高兴地答应了它。学习飞行是很辛苦的事，知了怕吃苦，一会儿东张西望，一会儿跑东窜西，学得很不认真。大雁耐心地给它讲应该怎样飞，它刚刚听了几句，就不耐烦地说："知了！知了！"大雁让它练习飞行，它刚刚飞了几次，就自满地嚷着："知了！知了！"

很快，秋天到了，大雁要飞回南方去了。知了很想和大雁一起展翅高飞。可是，它扑棱着翅膀，却怎么也飞不高。这时，知了望着高飞的大雁，十分懊悔自己当初太自满，没有努力练习。可是，已经晚了，它只好叹息道："迟了！迟了！"

在我们身边，有多少这样的"知了"，就会有多少这样"迟了"的感叹。自满使我们目光短浅，安于现状，在社会的发展中落伍。

第二，要客观地看待自己的不足。

我们经常说："尺有所短，寸有所长。"每个人都有自己的长处和短处，这是不以人的意志为转移的客观事实。

由于轻视他人、看重自己，所以我们往往看不到他人身上的优点和自己身上的缺点。因此，也就少了向别人学习的自觉性，长此以往，我们的缺点就会越来越多，最后甚至会导致我们的失败。

第三，要正确对待和自己能力相当的同事。

多数人认为比自己水平高很多的人，不会对自己带来很大压力。同时也认为比自己差很多的人，不会给自己带来很大压力。竞争与互相排斥往往来自和自己年龄、学历、业务水平等方面"势均力敌"的人。

2008年8月21日晚，古巴名将罗伯斯在北京奥运会上夺得男子110米栏冠军。

面对罗伯斯的优异成绩，世界飞人刘翔向记者全面分析了自己与罗伯斯的优缺点，他说道："罗伯斯身上具备了所有跨栏运动员好的素质，无论是爆发力，还是速率、节奏感都非常不错，这方面我必须向他学习。现在与罗伯斯相比，我唯一的不足就是大赛经验少。但是，我在比赛的心理素质方面略胜于他，我的实力比他强。今后我要找准自己与罗伯斯的差距，学习罗伯斯的优点，弥补自己的不足，争取在下次奥运会上把世界冠军夺回来。相信我，我一定会做到的！"

2009年9月20日，刘翔在上海国际田径黄金大奖赛中成功复出，获得男子110米栏亚军，跑出了13秒15的好成绩。

在比赛中，冷静、客观地看待对手的优缺点，能让自己多一份操胜券的把握。而在平常的教育教学中，冷静、客观地看待与自己能力相当的同事，则会让自己多一分平淡与谦卑。

第四，要认识到任何人都有闪光点。

学习优秀人物很容易，大多数人都能做到。但是，向不如自己的人学习很容易被忽视。对方在某一方面处于劣势，并不表示他在其他方面也处于劣势，所以我们要虚心地向我们所接触过的人学习。

韩愈曾在他的名篇《师说》中写道："孔子师郯子、苌弘、师襄、老聃。郯子之徒，其贤不及孔子。孔子曰：三人行，必有我师。"

孔子之所以能虚心向比自己差的人请教，是因为他从不以自己的博学而轻视别人的长处。

┃ 71. 宽容同事的不足 ┃

在拥挤的公共汽车上，由于司机紧急刹车，一位女士细细的鞋跟重重地踩在一位小伙子的脚上。女士带着满脸的歉疚，一个劲地说："对不起！对不起！"

看到女士这样紧张，听到她这样真诚的道歉，小伙子忍住疼痛，幽默地说："没关系，如果司机再刹车，你不再踩我的左脚就行了。"

小伙子的回答让女士放下心来，也引来了满车的笑声。

这虽然是一件小事，却反映出这位小伙子宽容他人的美德。

我们要有这位小伙子那样的胸怀，做宽厚大度的人。在无原则的是非面前，如果矛盾的双方互不相让，其结果只能是双方互相伤害，这是于己于人都不利的事情。

在遇到不愉快的事情时，处理问题的方法也可以是宽厚的。

宋朝时，苏轼在熙宁四年任杭州通判。为官三年中，他很乐于微服私游。有一天，他来到一寺院游玩。开始时，方丈把他看成一般的客人来招待，怠慢地对苏轼说："坐。"又转过头对小沙弥说："茶。"苏轼坐了下来，小和尚也很快端来一碗很普通的茶。

在喝茶、聊天的过程中，方丈感到来人谈吐不凡，像是一位很有来头的人，便和蔼地改口说："请坐。"并重新命令小沙弥："泡茶。"

最后，方丈明白了，此人原来是大名鼎鼎的苏轼。他急忙起身，恭恭敬敬地说道："请上座。"并高声唤来小沙弥："泡好茶。"

在临别时，方丈捧上文房四宝请求苏轼留字。苏轼思忖片刻，提笔写了："坐，请坐，请上座；茶，泡茶，泡好茶"这样一副对联。

苏轼用这种方法暗示方丈，"见人下菜碟"的做事方法是错误的，同时，还为方丈留了面子。

教师在相互交往中，本着宽厚的原则，需要从以下三方面做起。

◆ 要客观认识同事身上的不足。

◆ 如果不属于原则问题，应宽宏大量，尽量不与同事计较。

◆ 如果属于原则问题，也要讲究处理问题的方法。

72. 不动"肝火"的方法

德国人以理性，冷静著称，他们在情绪不冷静的情况下，通常会选择第二天再来解决问题。

这种推迟解决问题时间的做法，是避免矛盾被激化，避免双方因动"肝火"而伤及情感的好方法。

一位教师曾告诉我，遇事动"肝火"不但影响问题的解决，伤害他人的情感，还会伤及自己的身心健康。因为有这种认识，这位教师能做到有意识地控制自己的情绪。

一次，这位教师在办公室里给班干部们布置工作。突然，一位任课教师走了进来，站到他面前气愤地说："有你们班这样的吗？今天，我在你们班上课时……"

当着自己的学生的面，听着任课教师的指责，他感觉心里很不是滋味。但是，他没有让任课教师和学生感觉到他的不愉快。

我很佩服他的冷静与理性，也非常想知道他为什么能做得这么好。

他回答说："每当遇到不愉快的事情时，要本着求大同、存小异的原则去处理，不要为了图一时之快而放任自己的行为。我一般会选择默读 30 个数的方法来调控自己的情绪，在默读数字的过程中，还可以找到比较合适的解决问题的方法。"

"面对任课教师的指责，我想，一定是发生了让他感觉不愉快的事情。所以，要体谅对方，不要计较对方的方式方法。"

"您是怎样解决任课教师的问题呢？"我问道。

"一个情绪激动的人，最需要的不是解决问题，而是先将不愉快发泄出来，您说呢？"他看着我说。

我回答："您说得对，情绪激动的人往往有三个心理需求——发泄的心理、尊重的心理、补偿的心理。"

他会意地笑了，接着说："我和班干部们马上给这位老师让了座，并为他倒了一杯水，说道，'瞧，给您气成这样，您把所有的不愉快都告诉我，好吧？我们一起商量解决办法'。"

"后来，这位教师倾诉过后，情绪也逐渐平复下来。你看，当别人生气时，我们可以将他比喻为一个气球，如果我们再往气球里打气，结果气球肯定会爆炸，对吧？"

"您是说：自己不要动'肝火'，还要想办法让对方的'肝火'发泄掉。"

他看着我，用力地点着头。

人们经常把动"肝火"的行为叫做"失态"。

教师要为人师表，是不可以"失态"的。与同事的交往如此，与学生的交往如此，与所有人的交往都是如此。

礼仪专家建议
如何做到不动"肝火"

一是要从好的、积极的方面看待问题。

二是要找到具体的做法。比如：延缓解决问题的时间、默默地数数、换一个新的话题等。

做懂得社交规则的教师

ONE

让会面愉快而美好

>>>

表面上礼仪有无数的清规戒律，但其根本目的却在于使世界成为一个充满生活乐趣的地方，使人变得平易近人。

——埃米莉·波斯特

73. 听话要听"音"

有一则笑话，讲的是一个财主要请客，当饭菜都已经上桌时，客人却还没有到齐。

财主着急地说："怎么搞的，该来的还没来。"

此言一出，已经到来的客人想："看来我是不该来的。"于是起身离去。

财主看到后急忙说："咳，不该走的又走了。"

听到财主这样说，没有走的朋友想："坏了，看样子我才是该走的。"于是赶紧一走了之。

此时，财主急得不得了，赶紧说："哎，我说的不是你们。"结果所剩无几的朋友们又担心说的是自己，便也走掉了。

这个笑话提醒我们，在社交场合言行举止一定要得体，要考虑他人的情绪感受。

我的一位朋友在一次茶话会上，见到了他十多年前的好友。他的这位好友姓王，是一家银行的处级干部。

他在发言中说道："我是十年前与王处长认识的……"

后来交谈中，他又谈道："王处长，您是一个让我……"

他的话还没有讲完，对方站了起来，说道："今天是朋友聚会，叫我老王好了。"

我的这位好友是一个聪明人，马上意识到朋友建议他称呼"老王"，并不是客套，是暗示自己在称呼上出现了错误。后来，他通过询问其他人，知道了这位十年前是处长的朋友，现今已经是一位副行长。

我这位朋友是一位懂得听话要听"音"的人。

听话听"音"在某种程度上是亡羊补牢的做法。在社交场合，只有掌握了礼仪规范，才能使我们的行为是得体的，语言是有修养的，同时，也是落落大方，受人尊敬的。

74. 怎样称呼他人

酒店的服务生曾玲双手捧着顾客预定的蛋糕，来到顾客的房间门前。她轻轻叩门，随着房门打开，一位60岁左右的外国女士，笑着看着小曾。

小曾微笑着说道："太太，这是您昨天订的蛋糕，您说今天下午两点之前一定要送到房间来，请您收下。"

女士听到后，脸上的笑容很快就凝住了，冷冷地说道："可能是你记错了，我没有订蛋糕。"话音未落，房门已经被关上。

小曾下意识地捧着蛋糕往回走，边走边回忆着昨天顾客订蛋糕的情形，她想："明明就是这位太太订的蛋糕，她为什么不收下呢？是不是因为上了年纪，她忘记了呢？"

想到这里，小曾转身重新来到顾客的门前，再次敲门。

房门再次打开了，小曾耐心地说："太太，您昨天一再嘱咐我，今天有一个重要的事情要完成，蛋糕一定要按时送来，您现在想起来了吧？"

小曾没有得到对方的肯定，却听到了重重的关门声和从房内传出的"这里没有太太，只有小姐"的指责声。

对于称谓，国际上通行的礼仪规则是：对于女士，其婚姻状况决定着称呼的方式。对未婚女士，一般称呼"小姐"或"女士"，而"太太"这一称呼是专指已婚的女士。

上述案例中，服务生认为60岁左右的女士一定是已婚的。但是，个人的猜测和感觉往往是不客观的，因为一个人婚否与其年龄是没有必然联系的。

不论是在国际上，还是在国内，称谓都是一个敏感的话题。

一位教师和校领导的私人关系很好，当这位校长来到他的办公室时，他主动问候道："老刘，你来啦？"

校领导看着他，没有做声。

这位教师马上改口道："刘校长，快请进，有什么事情尽管吩咐。"

是这位校长架子太大吗？其实不是。因为正确使用称谓，是对他人形象的尊重与维护，这也是礼仪的重要规则。

对于称谓，我们建议大家考虑三方面因素。

1. 考虑身份因素

我们上面提到的有关刘校长的例子，如果是发生在同事之间，应该是没有任何错误的。我们经常称呼年轻教师为"小刘"、"小李"，年龄相当的老教师也互相称呼"老张"、"老王"等，这是大家都能够接受的方式，但是当对方身份不同时，就应该有所改变。

2.考虑环境因素

当面对学生，面对宾客时，称呼一位教师"小李"就显得比较随意，此时，称呼这位教师"李老师"是正确的做法。

3.考虑场合因素

不论我们与对方的私人关系多么好，在公务场合，都要称呼他人的职衔、职称、学衔或选择礼仪性称谓。

◆ 如果对方有职衔，一定要选择职衔性称谓

比如：称呼一位校长，我们可以选择"校长"、"刘校长"、"刘××校长"的不同方式。这三种称谓的正式程度是依次递增的。

在校园中与学校的校长相遇时，称呼对方"校长"或"刘校长"，不但能够表达尊重，还能够体现相互之间亲切、和谐的关系。

在介绍校长与家长相识时，选择"这位是刘××校长"的方式，会带来郑重其事的感觉。

◆ 职称、学衔性称谓

对于有技术职称和有学衔的交往对象，可以直接以其职称及学衔称呼对方，也可以在职称与学衔前加上姓氏，或在职称与学衔前加上姓名。比如："教授"、"张教授"、"张××教授"。

◆ 礼仪性称谓

礼仪性称谓有"先生"、"小姐"、"女士"、"夫人"、"太太"。

"先生"的称谓适于所有男性。"小姐"的称谓一般适于未婚或是外表特征比较时尚的女性。"女士"的称谓一般适于已婚或不清楚对方是否已婚，以及外表特征比较文雅的女性。"夫人"和"太太"的称谓，适于已婚女性。

要注意的是，当知道交往对象有职衔、职称、学衔时，一般不选择礼仪性称谓。

在休闲场合，可以选择比较亲昵、随意的，对方能够接受并感到很愉

快的称谓。

读错他人的姓氏和名字，往往会给他人带来未受重视的感觉。所以，对于人名用字一定不要误读。

礼仪专家建议

称呼他人时的忌讳

◆ 在正式场合忌讳使用庸俗的称谓。

比如：将领导称为"老大"、"头儿"等，将同事称为"哥们儿"、"姐们儿"等，都是比较庸俗的称呼。

◆ 忌讳称呼对方的绰号。

◆ 异性之间忌讳直呼其名，因为，省略了姓氏的称呼，是关系很亲密的表示。

比如：如果一位男士称呼一位女士为"靖"，很容易给人以他们的关系很不一般的感觉。

75. 自我介绍的三个要素

自我介绍是我们与他人主动建立联系的一种形式。自我介绍能缩短我们与他人的距离，还可以扩大我们社交的圈子。为了使他人乐于接受我们的自我介绍，并给对方留下比较深刻的记忆，建议大家注意以下四个方面。

第一，要主动进行自我介绍。

教师家访时，叩开房门后要做的第一件事，就是主动进行自我介绍。这样做，可以给家长留下热情、主动的印象。

在宴会、舞会等社交场合，如果有与人相识的愿望，我们可以面带微笑示意对方，并主动走过去，简单将自己介绍给对方。

当拜访朋友时，如果朋友家有客人，一言不发的做法是不太好的，应当主动与在场的人进行适当的攀谈，并首先将自己介绍给他人。

在参加活动、出席会议时，要争取最大限度地结识各方面人士，而结识他人往往是从自我介绍开始的。

把握自我介绍的主动，能够对我们的人际交往以及事业的进步起到推动作用。

第二，把握自我介绍的内容。

介绍的内容一般有姓名、职业、所在单位、籍贯、工作单位、工作经历、毕业学校、特长爱好等。

在选择自我介绍的内容时，要考虑与对方关系的远近。在与他人初次相见时，自我介绍的内容主要包括姓名、单位、职务这三个要素。比如，到其他院校办理公务时，我们可以这样介绍自己："您好，我是北京师范大学中文系的吴悦老师。"

在自我介绍时，要介绍自己的姓名，而不能只介绍自己的姓氏。这样做不但能使对方了解我们的详细信息，还能给他人留下比较正式的印象。

自我介绍，还可以根据需要提供比较详细的情况。比如：当发现接待者有了解我们的兴趣时，可以适当增加自我介绍的内容。或者当我们通过第三者介绍，前去拜访他人时，也可以适当增加自我介绍的内容。再或者，在自我介绍时，如果某部分内容与对方产生共鸣，也可以适当进行比较详细的介绍。

第三，把握自我介绍的三个要素。

◆ 适时

适时，指自我介绍的时间要尽量短，一般不要超过半分钟的时间。适时还指不要因为自我介绍妨碍了对方的工作。

比如：拜访他人时，按照拜访的程序，应该是推开房门后就要进行自我介绍。但是，如果发现对方正在伏案工作，或是房间里有其他人，此时，就要先询问对方，"我是否需要过一会儿再来拜访您"，待对方做出"没关系，您请进"的应答后，再进行自我介绍。

◆ 自信

自信来自流畅的语言、热情的语气和语调，自信还来自微笑的表情、规范的体态等方面。

◆ 实事求是

不要为了表现得谦恭而贬低自己，也不要夸大事实。

第四，讲究自我介绍的技巧。

在自我介绍时，如果有名片的话，不要忘记用双手将名片递给对方。这既能表达你的真诚与礼貌，又能让对方通过名片对你做进一步的了解，还能通过名片进行长久的联系。

在自我介绍时，要充满自信和勇气，不能有胆怯心理。要和蔼可亲，落落大方，不要矫揉造作。要平易近人，谦虚谨慎，不要自恃清高。

备受人们喜爱的表演艺术家王景愚，曾这样介绍自己："我就是王景愚，表演《吃鸡》的那个王景愚，人称我是多愁善感的喜剧家，实在愧不敢当，我只不过是个走火入魔的哑剧迷罢了。"这一风趣幽默、自谦得体的自我介绍，拉近了艺术家与观众的距离。

介绍时还经常伴随握手、点头致意、问候等动作。

此外，在进行自我介绍时，一些容易搞错的内容要重复，要解释。比如，姓氏中的"张"字，要告诉对方是"弓长张"，还是"立早章"等。

76. 怎样介绍他人相识

由第三者介绍素不相识的人认识，这种介绍与自我介绍同样重要。在介绍他人相识时，要注意以下两方面。

1. 介绍的内容和方法

当我们请同学或好朋友到家来做客时，可以这样介绍相互不熟悉的人："刘娜，这是我的高中同学刘琳。"对于工作人员的介绍，还可以加上对方的职务或职称："小张，这是我们单位的李主任。"

在集会与舞会场合，一般由主人来承担介绍者的职责。介绍时可以说："请允许我来介绍一下好吗？"之后将双方的称呼及身份作简单的介绍。还可以做集体介绍："大家好，请让我们互相认识一下！"之后，按身份由高到低、年龄由大到小的顺序进行介绍。

在我们拜访未曾相识的人时，如果通过熟人引见，能够提高成功率，这是社会交往过程中大家经常使用的一种好方法。此时，介绍的内容可以是："×× 是我的大学同学，是 ×× 单位的办公室主任，他有一件事情需要您的帮助，请给予关照，好吗？"之后，双方就可以比较快地建立合作关系。

2. 介绍的顺序

介绍的顺序要遵循"尊者先了解他人的原则"。比如，长幼之间的介绍，因为长者为尊，所以就需要先将年轻人介绍给年长者，之后，再将年长者介绍给年轻人。同理，要先将地位低的人介绍给地位高的人，将男士介绍给女士，将未婚者介绍给已婚者。介绍时先提到的名字应该是长者、上级、女士。比如："张老师，我来介绍一下，这位是新来的王欣老师，他

是 × × 大学的毕业生。"然后，再将张老师介绍给王欣："王欣，这是张媛老师。"又比如，在将一位男士和一位女士进行互相介绍时，应该问："李小姐，我把黄先生介绍给你，好吗？"之后，介绍双方相识："李小姐，这位是黄先生。黄先生，这位是李小姐。"

在为他人做介绍时，要将手伸出，四指并拢，拇指略张开，掌心朝向侧前方，指向被介绍者，但是，面部要朝向另一方（图 3-1）。

被介绍的双方在相识后，要互致问候："你好，李小姐，很高兴与你相识。""谢谢你，张先生，见到你很高兴。"这样做不但可以加深相互之间的印象，也是一种礼貌的表达。

图 3-1

在期待与他人相识时，不要冒失地去询问对方："你叫什么名字？"这样有可能使对方不愉快，我们可以选择询问周围其他人的方式来了解对方。在不得已必须询问对方时，要注意使用委婉语言，如："对不起，能问一下怎么称呼您吗？"

77. 引领时要注意的三件事

一次，我到一家医院作培训前的调研，医院的一名工作人员热心地领着我到各科室了解情况。

因为走廊中等候看病的人很多，还因为这位工作人员的步伐很快，所以，尽管我不错眼珠地快步跟着她，还是被落在了后边。最终，工作人员消失在我的视线中。

我知道，四处寻找对方不是好方法，站在原地等对方来找自己比较好。

很快，工作人员笑着回来了。她说道："一不留神，就把您带丢了，是我走得太快了，对不起啊！"

确实，步伐太快是引领过程中丢掉他人的一个原因，尤其是在行走区域中人比较多的时候。

那么，我们怎样知道被引领者是否在跟随，没有走丢呢？在引领中，经常回身关照对方是一个好方法。当我们这样做时，还能够根据他人的步伐来调整自己的步伐，以使对方能够跟随得比较放松。

有时，面对年长者或是重要的客人，我们还可以选择侧身引领的方法。

在侧身引领他人时，要以腰为轴，将上身朝向被引领者，侧身的角度以能够使对方在自己的视线中为宜。这样做，我们能够随时调整自己，让自己来适应对方的步伐。而且这样还能够使对方很愉快，因为，我们很重视被引领者。

侧身引领已经不是单纯的引领对方找到位置，而是通过积极的肢体语言与他人进行交流。

在引领他人时，我们还要注意以下三个方面。

第一，注意引领中我们和被引领者的方位选择。

在走廊引领对方时，我们要行走在被引领者的左前方，并与其保持2~3步的距离。这样做一方面是遵守右为上的礼仪规则，另一方面是防止对面走过来的人与被引领者发生碰撞（图3-2）。

在大堂引领对方或是引领其上主席台时，我们要走在外侧，也就是让被引领者行走在距离大堂及主席台中心点较近的地方。比如：当引领对方向大堂的右侧行走时，我们要在右前方；当引领对方向大堂的左前方行走时，我们要在左前方。此时遵守的是内为尊的原则。

在引领对方上台阶时，我们要走在对方的后边。如果是由走廊转向上楼梯，此时，要停下自己的脚步，看着对方说道："来，您先请。"此时所遵循的是上为尊的原则。

图 3-2

在进出电梯时，我们会面对两种情况。一是有专人控制的电梯。此时，要让对方先进入电梯，之后，我们再进入电梯。当电梯到达时，要让对方先走出电梯，自己随后走出电梯。二是无专人控制的电梯。此时，我们要先进入电梯，并将胳膊横放于电梯门处，以控制电梯门自动关闭。之后，再请被引领者进入电梯。当电梯到达时，同样要将胳膊横放于电梯门处，并示意对方先走出电梯。

在引领他人进入房间时，要在将房门打开后，请对方先进入房间，之后自己再进入房间。在走出房间时，要在打开房门后，让对方先走出房间，之后自己再走出房间。

第二，要适时提示和关照对方。

◆ 在需要拐弯、上楼梯或是即将达到时，要及时提醒被引领者。

比如：在即将到达时要提示："我们很快就要到了。"以使对方有心理准备。

在对方先走出电梯，尤其是人员比较多时，要提示对方："请大家走出电梯后，先等我一会儿，好吧？"或是提示对方："走出电梯后，请大家向右侧行走。"这样可以避免被引领者走出电梯后不知所措的情形。

◆ 在楼道内人比较多，或是路况不太好等情况下，要及时提示并关照对方。

比如：当遇到拥挤的情况发生时，要关照："前方人比较多，请慢走。"

第三，要根据他人的意愿调整自己的引领方式。

任何引领过程都有一个主要目的，即让被引领者心情愉快。所以，我们可以根据对方的意愿来选择恰当的引领方法。

比如：在引领中，如果对方有交谈的意愿，我们要将行走在被引领者的前方变换为与对方并肩前行。

再如：多数被引领者希望在上台阶时，我们仍旧走在前边。此时，听从对方的建议是比较好的做法。

78. 注意社交中的空间距离

一位心理学家曾做过这样的实验：在一个面积很大的阅览室里，当只有一位读者时，心理学家将一把椅子放在距离这位读者非常近的地方，之后坐了下来。

同样的实验进行了 80 人次。心理学家发现，几乎所有的读者都表现出了离开自己的座位，在距离他比较远的地方重新坐下来的行为。一部分人还通过面部表情表达对他的不满，甚至有人指责他：“你这是干什么？！”

这个实验说明了人与人之间需要保持一定的空间距离。任何人都需要有一个可以把握的自我空间。当他人，尤其是陌生人进入这个自我空间时，人们都会产生被触犯的不舒服感。比如，当我们在乘客很少的公交车上，如果一个陌生人走过来，在距离我们非常近的地方停了下来。我们会下意识地离开，或是快速地将自己的包放到体前，甚至还会拍一拍自己的兜，以确定兜里的东西是否还在。

在社交过程中，人与人之间关系的远近，以及当时所处的情境决定着自我空间的大小。我们需要了解常见的三种距离。

1. 亲密距离

这是人际交往中的最小距离，也就是我们常说的“亲密无间”。这种距离大约在 0.5 米以内，人与人之间可能会出现肌肤相触，耳鬓厮磨，甚至相互间能感受到对方的体温、气味及气息。身体上的接触还会表现为挽臂，牵手，促膝谈心，体现出亲密友好的人际关系。

由此我们可以看出，亲密距离属于私下情境，且仅限于在情感上比较密切的人之间使用。在社交场合，互相之间，尤其是在异性之间如果这样贴近，就不太雅观。在同性别的人之间出现这种情况，往往只限于无话不谈的知心朋友。因此，在人际交往中，如果是不属于这个亲密距离内的人闯了进来，会引起他人的反感。

2. 社交距离

社交距离超出了亲密或熟悉的人际关系，是体现社交性质或礼节上较正式的交往关系的距离，其范围为 0.5~1.5 米之间。一般在工作环境和社交聚会上，人们都保持这种距离。

比如：公司里的经理们，通常用一个大而宽的办公桌，并将来访者的座位放在离桌子一段距离的地方。我们在讲台上授课时，企业与企业或不同国家的领导人之间的谈判，招聘新员工时的面试，以及教授和学生面对面的论文答辩等等，往往都要隔一张桌子或保持一定距离，这样做能很好地营造认真、庄重的气氛。

3. 公众距离

这是会议、庆典、演讲时主持人与听众所保持的距离，其范围为 1.5~3 米之间。

显然，人与人交往时空间距离的远近，是交往双方是否亲近、是否喜欢、是否友好的重要标志。因此，在人际交往中，选择正确的距离是至关重要的事情。

不同国家、不同民族、不同文化背景下，人与人的交往距离也不同。这种差距是由于人们对"自我"的理解不同造成的。例如，北美人对"自我"的理解包括皮肤、衣服及身体外几十厘米的空间，而阿拉伯人对"自我"的理解仅限于心灵，他们甚至把皮肤都当成身外之物。因此，在交往时，会出现阿拉伯人步步逼近的情形，而且他们总是认为对方过于冷淡。而北美人却表现得连连后退，他们接受不了对方的过度亲热。

作为教师，在社交场合，我们不但要有距离意识，还要考虑交往对象的性格和具体情境等因素。

比如：性格开朗、喜欢交往的人更乐于接近他人，也能容忍别人的靠近，因为他们的自我空间比较小，刻意地与他们保持社交距离容易使他们产生被冷落的感觉。

性格比较内向的人不会主动接近别人，他们往往会将自己封闭起来，并对靠近他们的人十分反感。面对这种性格的人，我们要留给他们足够的空间。

79. 社交场合的位次规则

中国人的传统习惯是"左为尊",它起源于中国古代文化中"左吉右凶"的认识,这种习惯一直沿用至今。比如:在乡村的农家里,坐在八仙桌左侧的往往是家中最有威望的人。

西方人的习惯是"右为尊",对这种习惯的解释有多种说法。其中一种说法是,古代君王在自己右侧的腰间都会佩剑。因此,君王会安排非常可靠的人在自己的右手边,以防不可靠的人拔出自己的剑伤害他的性命,"右为尊"的习俗就这样产生了。

不论是中国的"左为尊",还是西方的"右为尊",都体现了希望人与人的交往能够顺畅、愉快地进行的含义。

目前,在涉外、商务场合,在用餐及乘车过程中,往往遵循"右为尊"的国际通行位次排列规则。

1. 正式会见中的位次排列

正式会见中的位次排列为面向房门,安排主宾落座于主人的右侧,主人落座于主宾的左侧。双方随员按照身份的高低,由距离主宾和主人自近向远排列(图3-3)。

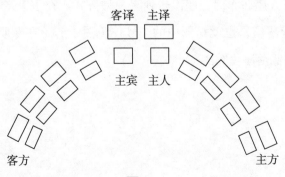

图 3-3

2. 正式会谈中的位次排列

正式会谈往往是双方落座于会议桌两侧。各方的中央是身份最高者，即下图中的1号位。其他人按照"右为尊"和"先右后左"的方式落座（图3-4）。

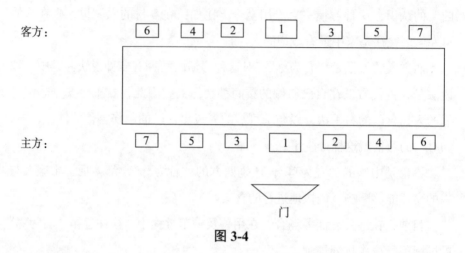

图3-4

上图为房门与会议桌为平行关系时的位次排列。

当房门与会议桌为垂直关系时，以面部朝向房内为参照，右手一侧为客方位置，左手一侧为主方位置。落座方式仍是"右为尊"和"先右后左"。

3. 乘车中的位次排列

在乘坐五人座轿车时，座次排列有两种方式。在主人亲自驾车时，主宾在主人身旁落座，也就是图中的1号位（图3-5）。在专职司机驾车时，主宾在后排右侧落座（图3-6）。

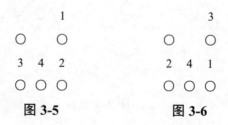

图3-5　　　　　图3-6

　　在与国内人士的非商务交往中，比如会议、教研活动等，我们会按照中国的传统习惯，遵循以"左为尊"的位次排序规则（图3-7）。

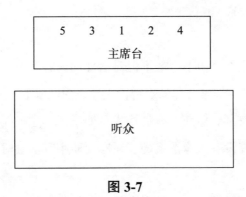

图 3-7

80. 尊重宗教习俗

　　在与国外人士的交流中，了解对方的习惯和喜好，尊重对方的习俗禁忌，是有利于交往的。

　　地球上有近80%的人是宗教信徒。所以，我们可以通过宗教信仰了解对方的习俗禁忌。基督教、伊斯兰教、佛教、印度教、犹太教是世界上影响比较大的五个宗教。其中，基督教、伊斯兰教和犹太教发源于西亚，佛教和印度教发源于南亚。

1. 基督教

　　基督教信奉耶稣。传说耶稣是在最后一顿晚餐上指出自己被犹大出卖了。当时，犹大是坐席上的第13个人，所以，基督教徒忌讳数字13。同时，耶稣受难的日子正好是星期五。所以，如果13号这一天恰好是星期五时，就被称作黑色星期五。

　　在国外，当黑色星期五出现时，人们会非常紧张，甚至有人紧张到不敢出门，不去上班，以此来躲避所谓的灾难。

在中国，一些酒店为了避讳数字 13，往往会将 12 楼层上一层的编号确定为 14。

2. 伊斯兰教

相对于其他宗教，伊斯兰教不但对信仰的内容和方式进行了严格的规定，还对生活方式有非常详尽的规定，主要表现在以下六个方面。

◆ 反对偶像崇拜。伊斯兰教徒认为只能崇拜真主安拉。所以，在送对方礼物时，要选择没有人像图案的。在参观庙宇等活动时，要提前征求对方意见。

◆ 斋戒。伊斯兰教历的 9 月为斋月，在斋月期间，教徒每天日出后和日落前是禁止饮食的。

◆ 禁食猪肉。

◆ 禁食未经阿訇诵经宰杀的动物。

◆ 不能赌博和饮酒。

◆ 由于每日礼拜前，穆斯林要用左手净身。所以，他们认为左手不洁，在递送物品时，忌讳用左手。

3. 佛教

佛教徒会通过诵经的方式进行忏悔，也会以获得僧人的祝福摸顶来得到解脱，所以，佛教徒认为头是通灵之处，是不能轻易摸的，也不能越过佛教徒的头顶取物。佛教徒的其他禁忌还包括：

◆ 不杀生、不偷窃。

◆ 不吃荤食。

◆ 忌讳从人前走过，在不得已时，要边欠身行走，边道歉。

4. 印度教

印度教由湿婆派、性力派和毗湿努派三大派系组成。

由于湿婆是印度教的主神之一，而公牛是湿婆神的使者，所以，印度教极其推崇牛的神圣地位。在印度教徒的生活中，是不杀牛，不吃牛肉，不使用牛皮制品的。

5. 犹太教

犹太人不吃猪肉、虾、蛤蚌等食物。他们认为在空中、水中和陆地上吃腐物的动物都是不洁净的，是不能吃的。他们还忌讳将奶制品与肉制品同时食用。

犹太人规定，自周五日落到周六日落的时间为安息日，此时，要停止工作，安排休息或各种娱乐活动。

以上，我们从宗教角度与大家分享了涉外交往中需要注意的问题，但是，这些仅仅是涉外习俗禁忌中的一个方面，是很不全面的。

比如：在涉外交往中，各国有着迥然不同的待客方式。居住在非洲安哥拉的基姆崩杜族人，用眨眼表示对客人的礼遇。对来访的客人，主人眨左眼表示欢迎，客人则眨右眼表示感谢。客人告辞时，客人眨左眼表示"别送了"，而主人则眨右眼表示"欢迎再次来做客"。

俄罗斯民族有亲人去世后，将其埋在家门外的习俗。所以，他们送客从不出门，把客人"送出门"是不吉利的。

又比如：女士优先是欧美各国的习俗。所以，在人与人的交往中，问候时先问候女士，行走时礼让女士先行，进门时请女士先进，让座时请女士先坐等。

我们很难在有限的篇幅中，将需要了解的知识和各国习俗介绍得很细致，很全面。建议大家在参加涉外交流之前，做两件准备工作，一是了解对方的禁忌，二是了解对方的习俗，尤其是对方的喜好是什么。这样，在涉外场合，我们就能够做到心中有数，从而表现得大方得体。

81. 拜访和接待的细节

在拜访家长、亲友和长辈时，我们要注意六个方面。

第一，拜访最好不要安排在晚间。

如果拜访不得不安排在晚间时，要注意拜访时不要过多交谈，以免影响对方休息。

第二，要通报请示。

在前去拜访的当天，出门前最好与主人电话通报一下，以使对方心中有数。

在进门前要礼貌地叩门，注意叩门的声音不要太重。当主人家的房门开着时，也不要径直走进去，要先询问对方："可以进来吗？"经主人允许后再进入。如果叩门后，前来开门的人我们不认识，要礼貌地询问："这里是×××家吗？"确认后再进门。

第三，要尊重主人。

进门后要主动问候主人，如果是一般性拜访，可以说："您好，见到您很高兴。"如果是前去请教对方，则应该说："打扰您了！"、"给您添麻烦了！"如果主人家有客人，要主动与对方打招呼，还要询问主人，是否需要回避。在主人没有让座前，不要自顾自地选择座位落座。在必要的情况下，要脱下大衣、帽子、围巾和手套，并换上拖鞋。

第四，要注意仪态。

坐姿要大方得体，不要东张西望，喝茶时不要发出声响，讲话时不要指手画脚。

第五，要注意倾听。

在与主人交谈时，要认真倾听。主人在讲话时，即使有相反的意见，也要等主人把话讲完。在阐述自己的观点时，不要滔滔不绝，要争取多听少说，有问题多请教。

第六，要适时告辞。

拜访的时间不要太长。在有其他客人到来，或听到主人暗示时，要及时告辞。告辞时不要太突然，要等主人把话讲完。

在接待客人时，我们也要注意八个方面。

首先，要做好准备。

在客人到来之前，要将房间收拾干净，要准备好茶具，还可以准备一些水果。衣服不要穿得太随便，要简单梳洗打扮一番，给客人一种很重视对方的感觉。

第二，要迎接客人。

我们可以根据来访者的身份，或是来访要处理事宜的重要程度，决定是在家里等候还是出门迎接对方。

在不准备出门迎接客人时，要大致判断对方到来的时间，注意倾听敲门的声音。

第三，热情介绍。

客人进门后，热情寒暄一番，如果客人与家人不太熟悉，要主动将家人介绍给对方，之后，再将来访者介绍给家人。如果客人与家人很熟悉，就尽快为客人让座，要注意座位的选择。不要让客人坐在离门比较近的位置。当房间中有沙发时，不要让客人坐在椅子上。

第四，上茶。

上茶是待客时的一个重要环节，请大家参照前面章节中的方法来完成。

第五，认真倾听。

对客人的来意要认真倾听，并适时地做出反馈。在需要插话时，要选择对方停顿时说话，或是明示对方："对不起！我来讲几句好吧？"

第六，留客用餐。

如果请客人来家里用餐，要事先了解对方有哪些禁忌以及喜欢什么口味。如果事先没有确定对方是否用餐，到用餐时间时，应该挽留客人在家里用餐。

第七，学会暗示。

当希望对方适时离开时，要选择比较委婉的方式。

有一次我到朋友家进行拜访，落座不到 20 分钟，朋友就看着自己的女儿说道："今天晚上，你和爸爸两人去看话剧好吧，我要和阿姨多聊一会儿。"

我明白了朋友的意思，马上说道："我晚上也安排了事情，你去看话剧，我去处理我的事情。"

第八，婉言留客。

客人告辞时，要婉言留客，这是中国人的一种习惯。

在送客时，要待对方起身后，自己再起身相送。送客时要将客人送出门外，如果对方乘电梯离开，要送对方进入电梯，在电梯关门后再离开。如果是走步行梯，要将客人送至楼梯口处，待看不到客人的身影后再离去。

TWO

让礼品插上情感的翅膀 〉〉

一个人的礼貌就是一面照出心灵肖像的镜子。

——歌德

▎82. 自行车与美国总统布什 ▎

美国总统老布什与中国的渊源始于 1974 年，当时，他在北京的美国驻中国联络处工作了一年多的时间。那段时间，骑自行车成了他的一大爱好。

1989 年 2 月 25 日，在老布什以美国总统的身份访华时，李鹏总理向老布什夫妇赠送了两辆自行车。看到自行车，老布什非常兴奋，他马上骑了上去。在那一刻，他仿佛回到了十几年前，回忆起了当年在中国生活和工作的情景。

李鹏总理在向老布什赠送礼品时，起码考虑了两方面因素，一是对方的喜好，二是我国是自行车大国这一国情。

在涉外交往中，各国领导人之间互赠礼品，是必不可少的外交礼仪。

美国媒体曾经评选出几位深谙送礼之道的总统，肯尼迪总统名列榜首。

肯尼迪的送礼风格被称作"品位高雅型"。1963年，肯尼迪送给爱尔兰总理肖恩·勒马斯一个天鹅绒镶边的精致木盒。木盒里装着美国第一任总统华盛顿就任总统时的誓词，这一礼品被视为经典。

尼克松总统的送礼风格被称作"投其所好型"。1972年，尼克松访问前苏联，当时的苏联领导人勃列日涅夫赠给尼克松一艘水翼艇，而尼克松则送给勃列日涅夫一辆最新出产的轿车（勃列日涅夫事先就此事作过暗示）。

克林顿的送礼风格被称作"经济实用型"。1996年，克林顿访问法国时，法国总统希拉克对克林顿的演讲大加赞赏，因为希拉克不知道克林顿在演讲时经常使用提词机。后来，希拉克在访美时，克林顿也赠与希拉克一台提词机。

通过以上有关国际交往中互赠礼品的小故事，我们发现，礼品的给予方期待接受方能够愉快地接受礼品，并能够理解礼品所表达的情感、意愿以及象征性意义。礼品的接受方也通过对方的礼品，判断自己被重视的程度。所以，交往的双方往往是通过互赠礼品，来达到调节、增进双方之间的感情，建立良好交往关系的目的。

礼品的价值及实用性是第二位的，而情感的表达才是第一位的。

礼品的情感表达包括祝福、喜悦、感激、肯定、道歉等等。

自2005年起，受外交学院邀请，我一直担任澳门政府官员的政务礼仪培训师，至今已完成了十余期学员的培训。在每一期培训结束时，学员们都会热情地举行一个赠送礼品的小仪式。

现在，我枕边的书里夹有学员们赠送的闪着金属光泽、印有澳门风景的书签；家里的茶几上有一套精美的杯垫；窗台上摆放着学员们赠送的相框……

每当看到这些礼品时，学员们一张张笑脸总会浮现在眼前，让我感到幸福和愉悦。

在我做班主任时，班里的一名学生曾经送给我很多纸鹤，学生说是他自己亲手折的，在放纸鹤的瓶子里还有一封信，那是他写的检讨。学生用这样的方式向我表达诚恳的歉意。

每一年，学校的同事们都会约时间相聚在一位教师的家中，聊一聊天，吃一顿便餐放松一下。目前，尽管社会上很多人选择 AA 制的方式聚会，我们这些人还是坚持带着礼物参加聚会。之所以这样坚持，是大家都认为 AA 制失去了更重要的东西，那就是多年来我们互相之间的真情实感。

83. 合理地选择礼品

礼品的选择是否合理，与我们对受礼者的了解和观察有关，也与我们的想象力有关。对受礼者的深入了解、细致观察，可以使我们选到对方喜欢的礼品，尤其是具有想象力的礼品，可以为受礼者带来惊喜。

在选择礼品时我们要考虑五个方面的问题。

第一，要考虑对方是否乐于接受。

比如：钟、伞、鞋和梨，这四种物品的谐音是中国人比较反感的。"4"这个数字在广东话中，听起来像是"死"，也被认为是不吉利的。

再比如：白颜色虽然有纯洁无瑕的含义，但是，白色在中国经常用于丧葬和表示贫穷。同样，黑色也被我们视为不吉利。

此外，选择礼品还要考虑宗教禁忌。

第二，要考虑礼品的象征性和纪念性意义。

象征性和纪念性意义是选择礼品时，重点要考虑的一个方面。

1972 年 2 月 21 日，美国总统尼克松访问中国。临行前，尼克松和夫人翻阅了很多介绍中国的书籍。他们不但学习使用筷子，也专门学习中文，而且特别吩咐秘书要选好赠送给毛主席的礼物。

经过多次精选，尼克松选定了将烧瓷天鹅艺术品作为珍贵国礼。这件礼品是由美国新泽西州波姆陶瓷艺术中心烧制的。艺术中心的创始人是美国著名生物学家、鸟禽硬瓷烧制艺术大师爱德华·马歇尔·波姆先生，这个瓷天鹅艺术品是他晚年的最后杰作。当时一共制作了两件艺术品，一件存放在纽约国家博物馆，另一件作为赠送给毛主席的礼品。

尼克松抵达北京当晚的6点30分，在人民大会堂北京厅举行了两国互赠礼品的仪式。我们赠送的礼品有：双面苏州刺绣屏风，玻璃纱手绣台布等。美国的礼品是尼克松总统带来的瓷塑大天鹅。

首先，由周总理代表毛主席和中国政府向尼克松总统及夫人赠送礼品，中国外交部礼宾司司长韩叙还介绍了礼品的产地和特色。之后，尼克松总统兴致勃勃地向周总理介绍了美方的礼品。礼品由一对洁白的大天鹅带领三只小天鹅组成，它象征了一个和谐美满的家庭。

尼克松说，天鹅是深受全世界人民喜爱的珍贵动物，它象征对和平、友善的祈盼，盼望它给美中两国关系带来发展的好征兆。

选择具有象征性和纪念性意义的礼品，需要我们了解受礼者的经历、爱好、生活习惯等等。

第三，要考虑礼品的观赏性。

具有观赏性的礼品要体现造型美观、工艺精湛、质地良好、寓意积极等特征。字画、雕塑是人们经常选择的礼品。

1978年11月，泰国总理江萨赠送国务院副总理邓小平一尊柚木雕塑《大象运木》。泰国素有"象国"之称，温顺的大象是泰国人民最尊敬的动物，是和平吉祥的象征。而且，泰国的清迈等地所产的柚木质地坚硬、纹理美观、耐酸蚀和虫蛀，深得人们的喜爱。

第四，要考虑礼品的实用性。

礼品的实用性尽管不是最重要的，但是，如果礼品能够成为受礼者日常生活与工作的一部分，那么这种礼品会给受礼者带来两方面的意义：一是能经常回忆起美好的交往情景，使友谊永存；二是解决了日常生活与工作所需。

一只水杯、一支笔和一条围巾，就可以将赠礼与受礼的双方联系在一起。以下是宋庆龄收到毛主席的礼物后写的致谢信。

敬爱的毛主席：

承惠赠山东大白菜已收领。这样大的白菜是我出生后头一次看到的。十分感谢！

您回来后一定很忙，希望您好好休息。

致以敬礼！

宋庆龄

1957 年 12 月 1 日

当宋庆龄收到并吃到大白菜时，毛主席的关怀一定让她心里暖暖的。

同样，当宋庆龄了解到毛主席喜欢躺在床上批阅文件和看书时，她亲自上街买了一个又大又软的枕头，托人送给主席。

第五，要考虑对方的兴趣爱好。

礼品是情感的表达。如果选择的礼物恰恰满足了对方的兴趣、爱好，会给对方带来惊喜，也会使情感的表达更加充分。

在社会培训中，我经常穿套装。这种服装因为颜色的一致会给人以呆板的感觉，我会通过佩戴领花或胸花的方法来打破这种呆板。

去年我生日的那一天，我准时来到单位。打开抽屉，一个精美的礼盒出现在眼前，我满怀好奇，一边小声嘀咕："是谁放在这里的？"一边打开了礼盒。

一个紫色、精致的领花让我眼前一亮，盒子里还有一张漂亮的卡片，卡片上写着：

师傅，您好！

祝您生日快乐！感谢您一直以来对我的帮助与扶持。

您的徒弟：××

在那一刻，我的心情很难用语言来表达，因为领花中所包含的情感是真切和丰富的。

▎84. 恰当地赠送礼品 ▎

怎样赠送礼品才叫做恰当？我们要注意礼品的包装、赠礼的时机和赠礼的方式三个方面。

第一，注意礼品的包装。

精美的包装可以提升礼品的价值及纪念意义，可以体现赠礼者郑重其事的态度，还可以突出赠礼者的良好祝愿。

在礼品包装时还要注意以下三个细节。

◆ 将礼品的价格标签取下来。

◆ 选择颜色、图案适宜的包装纸。

◆ 托人转交的礼品，可以将自己的名片或是写有自己名字的卡片放于信封中，再粘贴在礼品纸上。

第二，注意赠礼的时机。

赠送礼品的时机，一般有下列习惯性做法。

◆ 在参加比较正式的宴会时，通常在宴会结束时赠礼。对于家宴，可以在宴会开始前赠礼。

◆ 在会见及会谈场合，通常是在告辞时赠礼。

◆ 在欢庆、祝贺时，通常会提前或是在开始时赠礼。

此外，赠送鲜花可以选择在迎接或是送别时完成。

第三，注意赠礼的方式。

当面赠送礼品是最好的方式，此外，还可以通过邮寄、代转或是礼仪公司递送三种方式。当面赠送礼品时要注意以下四个细节。

◆ 在会见及会谈活动中，一般由身份最高的人代表本方向对方赠送礼品。

◆ 赠礼时，对受礼者，要选择身份由高到低的顺序赠送礼品。

◆ 赠礼时态度要热情。比如：要使用双手捧送，要面带微笑，要上身略前倾，还要送上美好的祝愿等。

◆ 赠礼时，受礼者往往会婉言推辞。这种推辞通常有两种不同的含义，一种是受礼者很客气，礼貌地推让，并不是真正的推辞。第二种是对方拒绝接受礼品。当受礼者再三推辞时，就要考虑对方是否确实为难，不要强求对方。

▎85. 礼貌地接受礼品 ▎

接受礼品时要有认真和礼貌的态度，需要从以下四个方面做起。

第一，用双手接受礼品。

使用双手接受礼品是重视对方的表现，这种表现还能够使赠礼者内心愉悦。

第二，表示谢意。

对赠礼者表示感谢，一方面是有礼貌的表现，另一方面是为了使赠礼者从情感上得到放松。如果任何反馈都没有，往往会使赠礼者产生负面想法。

第三，观赏礼品。

我们与日本人及韩国人接受礼品的方式是基本相同的，即接受礼品时，在表示谢意后，我们会将礼品暂时收起来，待客人离开后再将礼品打开来观赏。可是，西方国家的习惯是当场打开礼品，并对礼品和赠礼人进行一番赞扬。所以，在接受外国友人的礼品时，如果我们当场打开礼品，并对礼品进行积极的评价，会使对方很开心。

其实，当同事送给我们礼品时，我们对礼品进行欣赏和夸赞会使同事很开心，这比悄悄地收起礼品的效果要好得多。

第四，尽量不当面拒绝礼品。

在对方赠礼时，如果当面拒绝，尤其是没有任何理由地当面拒绝，会使赠礼者非常尴尬，甚至还会造成双方关系的破裂。我们可以暂时收下礼品，之后，找适宜的时机与对方说明拒绝礼品的原因，在征得对方谅解后，再退还礼品。

对于有明显恶意或者有行贿嫌疑的赠礼，在必要的情况下，要做好善后处理，以保证自己的安全。

┃ 86. 适时地回赠礼品 ┃

收到对方赠予的礼品后，我们要适时回赠礼品，从而表示自己的重视，加强双方的联系，增进相互之间的友谊。

回赠对方礼品时，一个比较好的办法是参考对方赠送的礼品。通过礼品的类别，我们大致可以明确对方的喜好。通过礼品的价值，我们可以确定回赠礼品的价值。

在回赠礼品时，我们要注意三个细节。

◆ 在选择回赠的礼品时，一般不要超出对方所赠礼品的价值。

◆ 在会见、会谈活动中，往往选择活动结束时回赠礼品。

◆ 在私人交往过程中，不要在接受礼品后马上回礼，以免给对方造成我们不乐于交往的印象。

记得一位同事曾向我抱怨说："我去看一个朋友，当我把带来的礼物交给对方后，没过五分钟，朋友就拿出一支笔，他一边将笔递到我手中，一边说，'以后再来，千万不要带礼物过来，这支笔送给你，正好你儿子上学能用上'。"这位同事告诉我，朋友五分钟不到就回她礼物让她感觉很不舒服，好像对方有意要和她拉开距离似的。

在私人交往中，如果回赠礼物，可以选择与对方道别时，还可以选择特意前去拜访对方时。这样做，既不会伤害对方的自尊心，还能够使交往持续不断，使友谊得到发展。

第三章 **THREE**

吃出好心情

在宴席上最让人开胃的就是主人的礼节。

——莎士比亚

>>

87. 温莎公爵让酋长吃出了好心情

1937 年 5 月 28 日，温莎公爵与辛普森夫人成婚，由此成就了一段"要美人不要江山"的爱情传奇。下面这个小故事展现的是温莎公爵的另一面：一位非常有礼仪风范的绅士。

一次，温莎公爵请一位印度的酋长吃西餐。长条桌的四周坐满了人，现场气氛很温馨，大家吃得很开心，服务生也很殷勤。当人们品尝完海鲜类食品后，服务生很快将水盂摆放在每个人的面前。

酋长可能是感觉有些口渴，也可能是认为吃了海鲜后，下一个程序是喝水。所以，他端起水盂喝了起来。

温莎公爵的随员看到后，都目瞪口呆地看着酋长，大家不知如何是好。

此时，只见温莎公爵就像什么也没有看见一样，他也伸出双手将水盂端了起来，喝起了水盂中的水。他的做法就像是无声的命令，其他随员明白了此时应该做什么，大家纷纷端着水盂喝了起来。

试想，如果温莎公爵制止酋长的做法，并向其说明水盂中的水是不能喝的，是洗手用的，酋长听后会是一种什么样的心情。

现在，生活条件好了，大家已不再仅仅满足于"我要吃饱"，更多的人开始讲究"我要吃好"，其中"好"的含义就包括要吃出好心情。

是否能吃出好心情，更多地来自主人在宴请前的准备是否充分，以及就餐过程中的做法是否恰当。比如：桌次与座次的安排、菜单的确定、就餐中的交谈等。

88. 请赴宴者坐在哪一桌

中餐桌次的排列是一个非常敏感的话题，下面是宴请中桌次排列的规则。

由两桌组成的小型宴会，桌次的排列有两种形式。一种形式为两桌横向排列（图 3-8），另一种形式为两桌纵向排列（图 3-9）。

两桌横向排列时：　　　　　　　两桌纵向排列时：

以面向正门为准，右为尊。　　　以面向正门为准，内为尊。

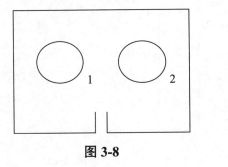

图 3-8

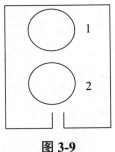

图 3-9

三桌或三桌以上时：

三桌以上的宴请，桌次的排列以面向正门为准，面门为尊。其他桌以右为尊，以距离门比较远为尊，以距离主桌比较近为尊（图 3-10、图 3-11、图 3-12、图 3-13 ）。

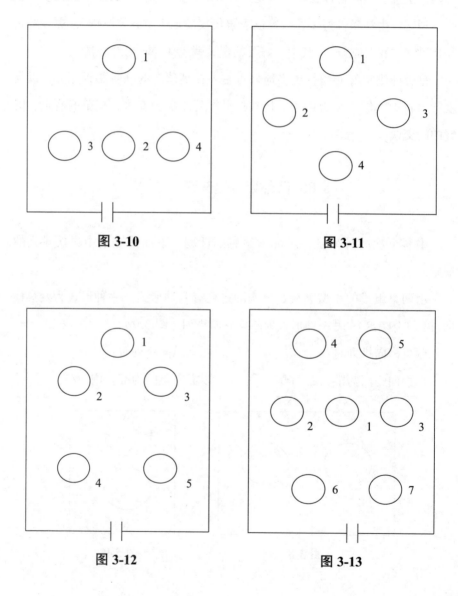

图 3-10　　　　　　　　　　　　　图 3-11

图 3-12　　　　　　　　　　　　　图 3-13

89. 请赴宴者坐在哪个座位

在进行席次排列时要遵守的基本原则有以下四个。

第一，主人于主桌面门而坐。

第二，宴请的人数比较多时，主、客须在不同的餐桌落座。此时，每张餐桌的主人都要面门而坐，或是面向主桌的主人而坐。

第三，每张桌上的位次，以距离此桌主人比较近为尊。

第四，以各桌主人面向为参照，主宾落座于主人或副主人的右侧。

在每桌只有一位主人时，主宾在主人右侧就座，副主宾在主人左侧就座，其他客人的位次依此类推（图 3-14）。

当每桌有两位主人时，主宾和副主宾分别落座于主人的右侧和左侧，第三主宾和第四主宾分别落座于副主人的右侧和左侧，其他位置通常会安排主方的陪同人员（图 3-15）。

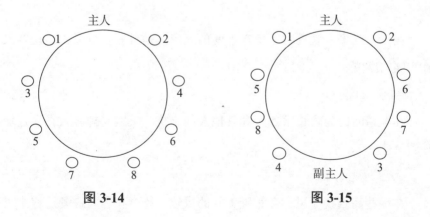

图 3-14   图 3-15

席次的排列方法有很多种，只要不违反位次排列的原则，各种方法都是可以考虑的。另外，当主人身份低于主宾时，可以将主宾安排在主人座位，这样能很好地体现对主宾的重视。

▌ 90. 五种便宴的席次排列 ▌

在我们请好友或同事就餐时，可以不拘泥于正规宴会的席次排列。但是，也不要过于随意，下面是人们常用的五种便宴的席次安排，供老师们参考。

第一，以右为尊。

在我们单独请一位朋友就餐时，一般应该让对方坐在我们的右侧。因为中餐在布菜时常以顺时针方向进行，这样安排座次，朋友会先得到服务生的照应，能很好地让朋友感受到我们的细心与敬重。

第二，面门为尊。

面对正门的座位是尊位。所以，尽量不要将客人安排在背对正门的座位上。

第三，中座为尊。

在三人或多人就餐时，坐在中间的人应该是尊者。所以，要让客人坐在中间的座位。

第四，近墙为尊。

在宴请时，为防止服务生和其他人的干扰，一般安排客人在靠近墙的位置落座。

第五，观景为尊。

在一些高档餐厅里，会布置美好的景致，还会在客人进餐过程中安排乐手弹奏音乐或伴唱。这时，我们要将客人安排在方便观看演出或是观赏景致的席次上，让客人不但享受到美食，还能得到精神的愉悦。

91. 如何确定菜单

确定菜单是一件十分困难的事情，建议大家在宴请之前先了解客人的饮食喜好及饮食禁忌，这样，在确定菜单时就能够心中有数。对于菜单的确定，我们要注意以下三方面。

第一，菜肴要搭配适当。

◆ 在所确定的菜肴中，要有特色菜。

可以选择羊肉泡馍、烤鸭等很有地方特色的菜肴，还可以选择餐厅中的拿手菜。这样搭配后，既能使客人感到主人的真诚，又能使菜品比较丰富。

◆ 荤菜与素菜要搭配适当。

◆ 注重营养搭配。

第二，重视客人的饮食和宗教禁忌。

事先要了解客人的宗教信仰、饮食习惯以及职业特点，做到不要冒犯对方。比如：信奉佛教的人忌荤腥、葱、蒜、韭菜等。再比如：驾驶员在进餐时要杜绝饮酒等。

第三，关注个人喜好。

要考虑客人的个人口味。比如：有的人喜欢吃鱼，有的人爱吃素，有的人不喜欢吃香菜、羊肉等。

第四，点心与汤要合理搭配。

在选择点心时，一般是咸点配咸汤，甜点配甜汤。

92. 餐具使用有讲究

中餐的餐具有筷、勺、碗、盘、水盂等，各种餐具在使用时有下列讲究和禁忌。

1. 使用筷子的方法及禁忌

使用筷子时，要用拇指、食指和中指三指的前部，握住筷子上部约三分之一处。

使用筷子时要注意以下几个细节。

◆ 在暂时不使用筷子时，不要将其横放在碗或盘子上，也不要将其放在桌子上，而要将筷子放于筷子座上，在没有筷子座时，支放在盘子的边缘。

◆ 不要将筷子插放在食物或菜肴中，这样做很容易让人想起祭祀等不愉快的场景。也不要用筷子叉食食物。

◆ 与他人交谈时，要将筷子放下。不要手拿筷子指指点点或用其敲击盘、碗、杯等餐具。

◆ 不要舔食筷子上的食物。尤其是在用筷子取菜之前，更不要这样做。

◆ 不要将筷子在菜肴中翻来翻去，随意搅动。也不要用自己的筷子为别人布菜。

2. 使用餐匙的方法及禁忌

餐匙在进餐时的主要作用是舀取食物、菜肴、汤、羹等，还可以在进餐时辅助筷子取用食物。

在使用餐匙时要注意以下几个细节。

◆ 在不使用餐匙时，要将其放在自己的碟子上，不要将其放在食物中或是放在桌子上。

◆ 如果舀起的食物过热，不要用餐匙折来折去，也不要将舀起的汤或菜用嘴吹来吹去。

◆ 用餐匙进食时，不要将餐匙含在嘴里或是反复吮吸餐匙上的食物。

◆ 用餐匙取菜或取汤时，不要将其盛得满满的，以避免菜汤滴到桌上或洒到自己的身上。在盛起菜肴或汤时，要停留片刻，在不会溢出汤汁时再食用。

3. 使用碗的方法及禁忌

碗主要用于盛放主食和汤。在使用时要注意以下几个细节。

◆ 不要用手端着碗进食。

◆ 不要用手直接取食碗中的食物，要用筷子或餐匙取食。

◆ 在使用碗盛放食物时，不要盛得过满，以八分满为好。

4. 使用盘子的方法及禁忌

盘子在餐桌上主要用于盛放食物。根据盘子的大小分别被称作盘子或碟子。在使用时要注意以下几个细节。

◆ 不要将多种菜肴混放在盘子中，以免串味，同时也不雅观。

◆ 不要一次取很多菜肴放在盘子中，给人很贪吃的感觉。

◆ 不宜入口的刺、骨头、残渣等要放在盘子的前端（离桌子中心近的位置）。

5. 使用水盂的方法及禁忌

在用餐过程中，服务生会适时地送上水盂。水盂中放有玫瑰花的花瓣，或是有几片柠檬，这是供客人在吃鱼等直接用手进食的食物后洗手用的。

洗手时，先轻轻沾湿、涮洗手指前端。之后，将手置于餐桌下，用纸巾擦干。不要将手甩来甩去，不要在水盂中大洗，也不要将水盂中的水洒到桌子上。

6. 使用其他餐具的方法及禁忌

◆ 水杯主要用于盛放汽水、果汁、可乐和清水等。在使用水杯时，不要将水杯倒放于桌面上。

◆ 比较讲究的中餐厅会为用餐者上湿毛巾。湿毛巾是供客人擦手的，所以，不要用其擦嘴、擦汗、擦脸等。使用后，要将其放回盘中。

在宴会结束之前，服务生还会再次送上湿毛巾。这时，湿毛巾是用来插嘴的，所以，不要用其擦脸、擦汗等。

◆ 牙签主要用于剔牙。在进餐时，尽量不要当着他人的面剔牙。在非剔不可时，要用一只手掩住口部，还要注意不要将牙签含在嘴里。取用食物时要使用适宜的餐具，不要用牙签。

▌93. 西餐的席次 ▌

西餐传入我国已有 100 多年的历史，它越来越受到人们的喜爱。我们在吃西餐时，要懂得西餐知识。

首先，我们来了解西餐席次的排列。西餐席次的排列有约定成俗的规则，这些规则主要有以下几方面内容。

第一，女士为尊。

在西方，女士在社会上有重要的地位，她们处处受到人们的尊敬，这种尊敬在用餐的席次排列中表现得很突出。比如：餐桌上的主人是女主人，而不是男主人。

第二，主宾为尊。

在用餐时，要请男女主宾分别在男女主人身旁就座，以便使他们受到更多的照顾。

第三，以右为尊。

以右为尊是西方席次排列中一个重要的规则。在餐桌上，主人右手边的座位要高于左手边的座位。所以，在就餐时，人们经常将男女主宾分别安排在男女主人的右手一侧。

第四，以近为尊。

西餐席次的安排，还会考虑距离主人的远与近。一般情况下，距离主人近的座位，其受尊重的程度要高于距离主人远的座位。

第五，交叉落座。

在西餐席次的排列中，男士与女士是交叉落座的。所以，我们的对面以及身旁的人肯定是和我们性别相反的人。西方人认为，这种席次排列方式有利于互相之间的交流。

西餐的餐桌有圆桌、长桌和方桌，通常使用的餐桌是长桌。长桌的席次排列有两种形式。

一种是男女主人在长桌中间面对面落座，来宾按照其身份，男女交叉落座。长桌的两端可以安排席位（图 3-16），也可以不安排席位（图 3-17）。

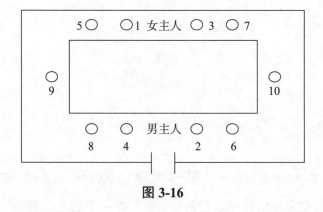

图 3-16

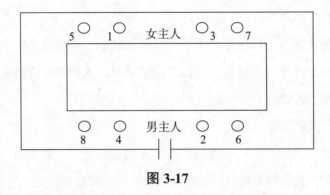

图 3-17

另一种形式是男、女主人分别落座于长桌两侧（图 3-18）。

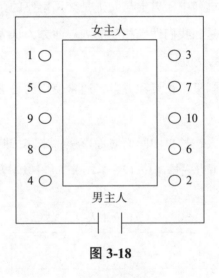

图 3-18

▌ 94. 刀叉等的摆放方法 ▌

曾经有一位来宾在吃西餐时，被餐桌上的各种餐具搞得不知所措。

其实，如果他能放慢进餐的节奏，观察一下别人是怎样使用餐具的，就可以变得很从容，可是，他没有这样做。

当服务生上了牛排时，他凭自己的感觉，伸手拿起了甜点刀操作起来，费了很大力气后才切下了一小块肉。

邻座的人看到他的举动后，善意地告诉他应该使用哪一把餐刀。

他羞红了脸，不好意思地说："对不起，我是第一次吃西餐。"

在西餐的正餐场合，一般情况下出现在餐桌上的刀叉主要有：吃黄油所用的刀、吃鱼所用的刀叉、吃肉所用的刀叉、吃甜点所用的刀叉等。它们的形状不同，摆放的位置也不同。

黄油刀横放在我们左手的正前方。

吃鱼所用的刀叉和吃肉所用的刀叉，以餐刀在右、餐叉在左的规定分别纵向摆放在餐盘的两侧。在用餐时，取用刀叉的顺序要由外侧向内侧取用。

吃甜点所用的刀叉，一般横向放在我们面前餐盘的正前方。

白葡萄酒杯、红葡萄酒杯和水杯，由近到远地摆放在我们的右前方。

95. 刀叉的使用方法

刀叉的使用方法有两种。

其中一种方法是在进餐时，始终用右手持刀，左手持叉，边切割边叉食食物，这是一种公认的文雅的刀叉使用方法（图3-19）。

另一种使用方法是先用右手持刀，左手持叉，将盘中的食物全部切割好，再将右手的餐刀斜放在餐盘的前方，并将左手的餐叉换到右手后开始进食。

在正式宴会场合，使用第一种方法比较

图 3-19

好。在便宴场合，也可以选择第二种方法。

在使用刀叉时要注意以下几个细节。

◆ 在切割食物时，要两肘下沉，这是一种较好的"吃相"。如果两肘位置较高，将会妨碍他人，还会给人不太雅观的感觉。

◆ 在切割食物时，不要搞得叮当响。

◆ 要将食物切得大小适宜，最好以能一次入口为度，以免一口口地咬着进食。

◆ 要用餐叉叉食食物，不要用刀扎着食物进食。

◆ 临时放下刀叉时，要刀口内向，叉齿向下，放于餐盘边沿。

◆ 当不小心将刀叉掉落在地上时，不要捡起来继续使用，应请服务生帮助换一副新的。

最后，我们还需要了解有关刀叉的常识。

一次，一位男士去品尝西餐。他在用餐过程中因需要处理其他事情，前后两次离开了座位。可是，每当他回到餐桌前时，都发现服务生将他的刀叉和食物撤掉了。对于服务员的做法，男士非常气愤。质问服务生后他明白了，这是自己不懂得刀叉摆放方法造成的尴尬。

在用餐的过程中，如果将刀口内向，叉齿向上，刀叉平行摆放，或是刀在上，叉在下地交叉摆放在盘子里，这是在暗示服务生：请将刀叉与餐盘同时撤掉，用餐完毕（图 3-20）。

在与人交谈或是临时离开餐桌时，要将刀口内向，叉齿向下，呈八字状放于餐盘上。这是在暗示服务生：此菜还未用完，请不要撤掉餐盘和刀叉（图 3-21）。

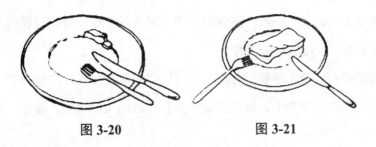

图 3-20　　　　　　　图 3-21

所以，我们在放置刀叉时，要清楚自己向服务生传递什么信息，以免造成误会。

96. 餐巾的使用方法

餐巾在用餐中起着两种作用，一是保持卫生，二是传达信息。

餐巾一般有正方形和长方形两种。在用餐前，服务生会将餐巾叠成各种美丽的造型，放于水杯中或餐盘上。

在用餐时，不论是正方形还是长方形餐巾，都要将其对折后放在自己的大腿上。

正方形餐巾要对折成三角形，将折口朝向膝盖方向，在大腿上铺平。

长方形餐巾要在对折后，将折口朝向膝盖方向，在大腿上铺平。

以上过程都要在桌子下面进行，而且动作要轻柔。

餐巾可以用来擦嘴。在用餐过程中，可以用餐巾擦拭嘴上的汤汁，尤其是在与人交谈前，一定要用餐巾擦拭后再讲话。

不要用餐巾擦手、擦脸、擦汗，更不要用餐巾来擦餐具，以避免服务生认为我们对餐具的卫生不放心，前来为我们更换餐具。

用餐中或用餐结束后，在剔牙时，可以用餐巾掩住口部。比如：左手拿起餐巾，右手拿着牙签来剔牙。

在宴会上，主人一般会用餐巾示意大家开始就餐。当我们看到主人将餐巾铺好时，就可以开始用餐了。

在用餐的中途如果要暂时离开，可以将餐巾放在自己的椅背上。如果我们将餐巾放于餐桌上，服务生会认为我们已经用餐完毕，他会马上前来"撤席"。

主人还会使用餐巾示意用餐结束。当主人将餐巾折叠整齐，放到餐桌上时，是在向大家宣布用餐结束。赴宴的客人也可以用这种方法，示意在座的人"我已经吃饱了"。

▎97. 西餐自助餐的礼仪 ▎

西餐自助餐与西餐宴会相比，更自由、方便，因此受到更多人的喜爱。

首先，我们来了解西餐自助餐的取菜顺序：取面包和黄油——取冷菜——取热菜——取甜点和水果——取咖啡。

以下是西餐自助餐取菜时要注意的细节。

◆ 要按照取菜的顺序，沿着餐台的顺时针方向取菜。

◆ 取菜时，身体不要距离餐台过近。

◆ 取菜后，要将餐具放回原处。每次取菜的量要少，同一种菜可以多次取。建议老师们在用餐前，先观察一下菜肴的种类，心中有数后才能吃得好，吃得舒服。

尽管自助餐给我们带来了很多方便，但是，在进餐时也要讲究相应的规则。尤其是在"吃相"方面要注意。

比如，在吃面包时，不要咬着吃，要撕下可以一次放入口中大小的一块，用黄油刀涂上黄油，放到嘴里。

比如：冷菜中有大块的生菜等食物，我们可以用叉子压住生菜，再用刀将其翻卷，卷成适宜的块状后再进食。

又比如：喝咖啡时，勺子只起搅拌的作用，不能用其舀着咖啡放到口中喝。当咖啡搅拌均匀后，要将勺子放到碟子上。

当我们感觉咖啡比较苦时，还可以加糖。加糖时要使用夹子，而不要使用勺子。

自助餐是自助和自律的过程。作为教师，在分享自助餐时，一定要做到自律。

98. 饮酒的礼仪

不论是中餐，还是西餐，都有无酒不成席的说法。

饮酒时，我们要注意两个方面。

首先是斟酒。

对于中餐，不论是主人还是服务生，在他们为我们斟酒时，都要表示感谢。

在主人斟酒时，要端起酒杯致谢。在服务生斟酒时口头答谢，或是点头示意即可。我们还可以选择将右手的拇指、食指、中指捏在一起，指尖向下轻敲桌面的方式来表达谢意，但是，这种答谢方式只适用于中餐宴请之中。

其次是敬酒。

用餐中，敬酒是为了表达自己的情感，同时，敬酒还能使现场气氛很热闹。敬酒一般安排在用餐开始之时，或是在吃过主菜之后。

在他人敬酒时要停止用餐，认真倾听对方的祝酒辞。

在敬酒时，人们会以干杯的形式劝说他人与自己一同饮酒。此时，我们要手持酒杯起身站好。要用右手端起酒杯，再以左手托着杯底，将酒杯举到杯口与双眼水平的高度。要目视他人，面带微笑，祝福对方，并将杯中的酒一饮而尽或酌量饮用。

饮酒后，不要马上落座，要目视敬酒者，点头示意后再坐下。

中餐敬酒时，还经常用"过桥"的方式向距离较远的人示意碰杯。具体做法是，用酒杯的杯底轻轻敲击桌面。

出于敬重，在碰杯时，可以将自己的酒杯略低于对方。

西餐的酒与所上的菜肴是相对应的。当吃海鲜类菜肴时，应配以白葡萄酒，因为白葡萄酒有去腥的作用。当吃牛排等肉类菜肴时，应配以红葡萄酒，因为红葡萄酒有去油腻的作用。

西餐在敬酒时多选择香槟酒。

在多人互相敬酒时，注意不要出现交叉干杯的情形。

在他人为自己敬酒时，不要推推搡搡、倒扣酒杯或将自己的酒倒入别人的杯中，更不能将自己已经喝了一部分的酒倒给他人。

99. 宴会场合穿什么

如果在邀请函中注明了着装要求时，我们按照要求着装就可以了。

在邀请函中没有注明着装要求或是参加不同性质、不同规模的宴会时，着装的选择可以参照以下几个方面。

◆ 如果是正式宴会，男士要选择无尾的礼服，再配上领结即可。无尾礼服的特征是西服的领子是用缎面面料制成。女士要选择领口比较大、比较低，裙摆比较长的礼服出席。

我们的民族服装也是礼服的一种。在宴会场合女士选择旗袍，男士选择中山装，能很好地烘托宴会的气氛。

◆ 如果是非正式的宴会，男士可以选择深色西装，再配上领带。女士可以选择连衣裙或是套裙（图 3-22）。

在非正式宴会场合，我们还可以选择时尚性服装。

图 3-22

后记
AFTERWORD ◗

多年前，我所在单位的领导对我说："学校准备派你去参加礼仪师资班的学习，下学期咱们学校要开设礼仪课。"

自此，领导的一番话改变了我的教师专业方向，由十几年的化学教学转为礼仪教学。

我去参加学习了，一个半月的暑假在礼仪师资班的学习中度过。之后，马上面临的是开学时要做礼仪教师，这可难住了我。

首先，我觉得抓不住礼仪教学的思路，这种抓不住的感觉更多地来自两个方面。

一是我当时认为礼仪很虚，不像化学那么实际。对于要考入高一级学府的学生而言，他们掌握了化学知识和技能后，就能较为顺利地升学；而对于毕业后参加工作的学生而言，他们可以用化学知识及技能进行生产或研究，同时还可以用从化学学习中得到的方法来进行思考和解决问题。可礼仪是什么呢？是笑容，是站立，是穿衣……这太不实际了。

二是化学教学很严谨，常年的化学教学使我养成了一板一眼的习惯。而面对礼仪教学，我很困惑，不知所措，因为我找不到适宜的教学方法。

记得第一节课完成的是"礼仪的基本概念"的教学。内容包括礼仪的定义、礼仪的原则以及礼仪的特征。

对于转专业后的第一节课，我还是很重视的。我想，要想比较好地完成教学，首先外表就要像个礼仪教师。所以，在上课的前一天，我先去美发店整理了头发，平生第一次在前一天晚上准备好了第二天要穿的衣服，平生第一次在上课前画了淡妆，照了镜子。在走进教室前，我还提醒自己要笑着走进去。

来到教室，学生们的目光很快集中到了我的身上，一名学生说道："吕老师，您今天好漂亮。"另一名学生问道："吕老师，您不教我们化学啦？"

第一次在课堂上听到学生夸赞自己漂亮，第一次听到学生那样关切的询问，我的心里乐得像开了花似的。在那一刻我很感动，我想我肯定能完成好礼仪教学。在那一刻我也感到，礼仪教师的形象、仪表等本身就是一种教学，礼仪教学的思路应该是"通过改变自己的行为方式，树立自己的良好形象，使交流对象乐于接受自己，乐于接受礼仪知识。同时，给自己和他人带来自信与快乐"。

从开始尝试一个全新的专业至今，已过去了近二十年。

在写作这本《教师礼仪的99个细节》时，我想到了在每一次礼仪培训结束时，我基本上都会与学员就"礼仪是什么"为题，以"头脑风暴"的方式对培训进行小结。也就是组织所有学员用一个词或是一个短句发表自己对这个问题的看法，之后对学员的想法进行筛选和排序，最终共同得出科学的结论。

比如：在澳门行政官员"政务礼仪"培训结束时，针对上述问题，学员们的看法是：

礼仪是表达尊重的方式。

礼仪是为人处世的行为规范。

礼仪是让他人乐于接受的规则。

礼仪是一种修养。

礼仪是一种人生态度。

礼仪是事半功倍的做事方法。

礼仪是一个人是否自信的表达。

礼仪是一种生活方式。

......

在培训与学习中，我和学员共同加深了对礼仪文化的理解。随着社会的发展与进步，我也和学员们共同分享着礼仪为我们的生活与工作带来的愉快和美好。

《教师礼仪的99个细节》这本书的出版，首先要感谢华东师范大学出版社的编辑任红瑚，感谢她给予我这个机会，让我对自己近二十年的礼仪教学进行了总结、梳理和反思。2009年11月的一天，任红瑚女士前来见我。那一天，她与我面对面地谈起她是如何得知我在做教师礼仪培训，又是如何得到我的联络方式的。任红瑚女士的真诚打动了我，我欣然接受了她的邀请。

我也要感谢北京外事学校的单侠、张硕和郝璨老师，他们在繁忙的工作中抽出时间，一丝不苟地完成了这本书的插图，使这本书更直观生动。同时，感谢北京外事学校的领导及老师们一直以来对我的支持。

此外，我还要感谢北京教科院的冉乃彦副研究员。这本书从提纲确定到最后成稿，冉乃彦老师给予了很多帮助，提出了很多好的建议。

最后，我还想感谢广大读者。感谢读者阅读这本书，不论我们是否相识，礼仪将我们联系到了一起，祝愿您因为学习了礼仪而生活幸福，祝愿您因为掌握了礼仪而工作顺利，祝愿您因为应用礼仪而快乐地享受生命的过程。期待礼仪文化成为使我们相互结识、交流及共同进步的纽带，我的邮箱地址是：lvyanzhi2003@qq.com。